À LA REDÉCOUVERTE
DE LA PENSÉE CHRÉTIENNE
AVEC RENÉ GIRARD

Collection « Ouverture philosophique »
Série « Débats »
dirigée par
Jean-Marc Lachaud et Bruno Péquignot

Une collection d'ouvrages qui se propose d'accueillir des travaux originaux sans exclusive d'écoles ou de thématiques.

Il s'agit de favoriser la confrontation de recherches et des réflexions, qu'elles soient le fait de philosophes « professionnels » ou non. On n'y confondra donc pas la philosophie avec une discipline académique ; elle est réputée être le fait de tous ceux qu'habite la passion de penser, qu'ils soient professeurs de philosophie, spécialistes des sciences humaines, sociales ou naturelles, ou… polisseurs de verres de lunettes astronomiques.

La série « Débats » réunit des ouvrages dont le questionnement et les thématiques participent des discussions actuelles au sujet de problèmes éthiques, politiques ou épistémologiques.

Dernières parutions

Philippe QUÉAU, *L'exil et l'extase. Une philosophie de la conscience*, 2023.
Jacques MAZARÉ, *Les images mobiles de l'éternité. Considérations sur des questions de toujours*, 2023.
Gilles LÉVÊQUE, *Conscience et vie. Repenser la philosophie de l'esprit*, 2023.
Mounkaïla Abdo Laouali SERKI (dir.), *Le philosophe dans la cité*, 2023.
Aklesso ADJI, *Le genre dans l'espace et le temps. L'inexorable autonomisation des femmes*, 2023.
Paulin SABUY SABANGU, *Subjectivité et solidarité. L'être-personne en question*, 2023.
Bertrand SOUCHARD, *L'Homme n'est ni ange, ni bête,* 2023.
Bertrand SOUCHARD, *L'ange fait la bête. « L'humanisme postmoderne »,* 2023.
Benoît BOHY-BUNEL et Nikos FOUFAS, *Critique de la raison réifiée*, 2023.

Paul Dubouchet

À LA REDÉCOUVERTE DE LA PENSÉE CHRÉTIENNE AVEC RENÉ GIRARD

Une thérapie de la violence

© L'Harmattan, 2023
5-7, rue de l'Ecole-Polytechnique, 75005 Paris

http://www.editions-harmattan.fr

ISBN : 978-2-336-42744-7
EAN : 9782336427447

A Jacques Orsoni,
Professeur à l'Université de Corse,
Ami et collègue

INTRODUCTION

La pensée chrétienne souffre aujourd'hui, en Europe occidentale surtout, d'un certain discrédit. Il remonte à l'origine même du christianisme où Néron accusait les chrétiens des pires atrocités. Il se retrouve même au Moyen-âge, mais encore au XVIe siècle où l'humanisme tend déjà à remplacer Dieu par l'homme, et surtout au XVIIIe siècle avec l'humanisme athée des Lumières.

C'est au XIXe siècle que sera consacré ce discrédit avec les trois hérauts de la « mort de Dieu » que Ricœur a appelés les « maîtres du soupçon », Nietzsche, Marx et Freud, dans la mesure où leur soupçon porte, avant tout, sur le judéo-christianisme. Enfin, au XXe siècle, il sera entériné par leurs successeurs directs, les nouveaux annonciateurs de l'apocalypse que Pierre Magnard a appelés les « quatre cavaliers noirs de la déconstruction », Deleuze, Foucault, Bourdieu et Derrida qui feront Ecole. Tel est le climat intellectuel dans lequel nous vivons.

Il devait appartenir à René Girard (1923-2015) de remettre les pendules à l'heure en redécouvrant ce qui est peut-être la véritable pensée chrétienne – redécouverte d'autant plus remarquable que, bien qu'élevé dans la religion catholique, il devait d'abord, comme beaucoup d'adolescents, s'en détourner complètement, mais y revenir ensuite pour des raisons strictement littéraires et anthropologiques liées à son activité professorale. C'est en effet la littérature (*Mensonge romantique et vérité romanesque*, Grasset, 1961) qui, par le détour de l'ethnologie, devait le conduire à la religion avec *La violence et le sacré* (Grasset, 1972), dans lequel il explicite minutieusement sa découverte fondamentale selon laquelle la religion est d'abord un mode de gestion de la violence, et même une « science de la violence ». Il faudra cependant attendre *Des choses cachées depuis la fondation du monde* (Grasset, 1978) pour qu'il établisse que la religion chrétienne est celle qui a porté au plus haut point la « science de la violence » comme dénonciation de la violence. Tous ses autres livres jusqu'à *Achever Clausewitz* de 2007 ne feront que confirmer cette thèse.

Cette redécouverte est d'autant plus importante qu'elle nous prévient des terribles catastrophes qui menacent le monde : n'a-t-il pas qualifié son dernier livre d'*apocalyptique* ? Elle nous invite également à repenser les courants et les auteurs les plus divers à la lumière de la grille de lecture ainsi proposée : travail colossal dont nous ne voulons donner ici qu'un aperçu fort sommaire.

C'est pourquoi, des neuf chapitres qui forment le présent essai, seuls les trois derniers sont consacrés exclusivement à Girard, le premier est réservé à Saint Thomas d'Aquin dont la lecture qu'en a donné naguère Michel Villey met en lumière cette « dialectique chrétienne » qui est la sève des recherches de Girard, suivent deux chapitres sur de Maistre et de Bonald comme prédécesseurs de Girard (les 2 et 3), puis deux autres sur Hegel à cause de sa parenté inattendue avec Girard (les 4 et 5), le chapitre 6 étant dédié à Claude Tresmontant dont l'œuvre consone singulièrement avec celle de Girard.

Le dernier chapitre, intitulé « Girard, lecteur de Dostoïevski », servira de conclusion, dans la mesure où, selon Girard, notre époque est *dostoïevskienne* en ce sens qu'elle est « mimétique jusqu'à l'hystérie » - ce qui explique, par l'oubli du Christ, l'explosion actuelle de la violence.

Chapitre 1

SAINT THOMAS D'AQUIN REDECOUVERT PAR MICHEL VILLEY : LA DIALECTIQUE CHRETIENNE

Pierre Aubenque dans son remarquable ouvrage de 1962 *Le problème de l'être chez Aristote* (P. U. F., $2^è$ éd., 1966) avait mis en exergue la réflexion de Pic de la Mirandole : « Sans Thomas, Aristote serait muet, *Sine Thoma mutus esset Aristoteles* » - ce que Boutroux commentera par « La plus belle œuvre d'Aristote, c'est la philosophie chrétienne » (M.-D. Chenu, *Introduction à l'étude de Saint Thomas d'Aquin*, Vrin, 1950, p. 43).

Or ce thème est implicitement celui du dernier livre de Michel Villey *Questions de Saint Thomas sur le droit et la politique* paru, en 1987, aux P.U.F. - son véritable testament spirituel, son ultime témoignage, celui qui couronne toute son œuvre. Nous avons déjà rendu compte de ce livre dans notre ouvrage de 2011 paru chez L'Harmattan, *Thomas d'Aquin. Droit, morale et métaphysique*, auquel nous renvoyons évidemment comme complément indispensable et modeste propédeutique à la lecture de la *Somme* de Saint Thomas.

Centrée sur l'épistémologie et sur la dette de Saint Thomas envers Aristote, la thèse soutenue par Michel Villey est fort simple : la *Somme théologique* relève, selon la distinction introduite par Aristote, de la *dialectique*, c'est-à-dire (pour simplifier) de la logique non-formelle, de la raison pratique, et non pas de l'*analytique*, c'est-à-dire de la logique formelle ou déductive, de la raison théorique. En effet, dans l'*Organon*, Aristote présente l'*analytique* comme reposant sur des propositions nécessaires c'est-à-dire vraies, puis la *dialectique* comme portant sur des propositions probables ou vraisemblables, conformes à l'opinion. Aristote a grand soin de distinguer la dialectique des deux dérives qu'elle peut connaître : la *rhétorique* et la *sophistique*, présentant la rhétorique comme reposant sur des propositions qui ont l'apparence du vrai, mais qui ne sont que probables, et la sophistique comme reposant sur des propositions qui paraissent probables, mais qui sont fausses (notre ouvrage, *Droit et épistémologie. L'Organon du droit*, L'Harmattan, 2008). Ainsi, clairement distinguée tant de l'analytique d'une part, que de la rhétorique et de la sophistique d'autre part, telle est véritablement la *dialectique*. Aussi n'est-il pas étonnant que Saint Thomas ait pu la considérer comme *l'art de tous les arts* dont il tire toutes conséquences épistémologiques et théologiques pour former ce que l'on peut appeler la « dialectique chrétienne ».

Or, sur ce point fondamental, il existe une véritable rencontre entre Michel Villey (1914-1988) et René Girard (1923-2015) qui, bien que contemporains, n'ont jamais eu le moindre contact (notre ouvrage, *Critique du droit chez Michel Villey et René Girard*, L'Harmattan, 2016).

Dans une Section 1, nous nous arrêterons sur la *Doctrine sacrée* qui forme le Prologue de la *Somme*, avant d'aborder, dans une Section 2, ce que nous appellerons la « doctrine morale » de Saint Thomas, puis, dans une Section 3, sa « doctrine du droit ».

SECTION 1 : LA *DOCTRINE SACREE*

Rappelons tout d'abord que Saint Thomas composa la *Somme théologique* de 1266 à 1274, année au début de laquelle sa mort brutale à quarante-neuf ans, sur la route qui devait le conduire au Concile de Lyon vint en interrompre définitivement la rédaction qu'il avait déjà ajournée à la fin de l'année précédente.

Dans la lecture de la *Somme*, nous suivrons donc entièrement Michel Villey pour illustrer sa thèse selon laquelle, conformément à la grande dichotomie introduite par Aristote, la *Somme* est une œuvre de *dialectique* qui en est la véritable clé, c'est-à-dire de logique non formelle, et non pas d'*analytique*, de logique formelle ou déductive – thèse dont Michel Villey rappelle que, parmi les spécialistes de Saint Thomas, le Père Isaac fut peut-être le seul à soutenir, sans « aucun succès » (p. 47).

La *Doctrine sacrée* forme le *Proemium*, le Prologue sur lequel s'ouvre la Première partie, et donc la *Somme* elle-même (des trois parties de la *Somme*, la Première traitant de Dieu, la Seconde de l'agir humain, et la Troisième du Christ) – ce qui confirme le rôle épistémologique premier et recteur que lui accorde Saint Thomas comme étant son véritable « discours de la méthode ». Elle étudie dix questions (correspondant à ses dix articles) qui gravitent autour d'un seul et même problème central : savoir si la doctrine sacrée est une *science* - question qui n'a de sens que par rapport à Aristote - et, si oui, quelle est la nature de cette science ?

La foi dépasse la raison humaine et procède de la lumière de la science divine que la doctrine sacrée s'efforce de transcrire dans un discours humain (art. 1 à 3). Or la *sacra doctrina* n'est « science » que dans la mesure où, étant inséparable de la *foi*, elle est connaissance reçue de Dieu, car Dieu est véritablement le premier sujet de cette science (art. 2 et 7).

La doctrine sacrée est à la fois spéculative et pratique (art. 4). Selon Michel Villey, il n'y a pas lieu d'introduire, comme le fera Kant, « une coupure entre une Raison *théorique* visant à comprendre les choses, et celle dite *pratique* par laquelle notre action serait gouvernée ». Il n'y a, pour Saint Thomas, qu'un seul Intellect *spéculatif* ; par *extension*, il peut servir à la pratique (art. 2) » (p. 8). La

Vérité est coïncidence avec l'être (*ens et verum convertuntur*), et il en va de même pour le Bien (*ens et bonum convertuntur*) (p. 9). Sur ce premier point épistémologique fondamental, Saint Thomas apparaît déjà comme le véritable héritier d'Aristote. En effet, si l'*Organon* peut être considéré comme un premier et grand « discours de la méthode », à la différence de celui de Descartes, il ne concerne pas la seule raison théorique, mais englobe à la fois raison théorique et raison pratique, ou, plus exactement, il traite de ces deux versants de la raison, le versant théorique et le versant pratique.

Dans la doctrine sacrée, les « articles de foi » tiennent lieu des « principes évidents » (art. 2). C'est dans l'art. 8 que Saint Thomas tire toutes les conséquences de cette proposition. Comme l'écrit Michel Villey, « les principes n'étant pas démontrables, l'argumentation n'a pas à être utilisée pour prouver les choses de la foi » (p. 81). Or les principes premiers des différentes sciences étant aussi indémontrables que les articles de foi, la science proprement « humaine » ne dispose, sur ce point épistémologique fondamental, d'aucun privilège sur la science divine. A la différence de la science, la doctrine sacrée n'est pas simple connaissance par les causes, elle est connaissance par la cause suprême.

L'objet de la foi étant la « vérité première » qui est Dieu, il faut remonter jusqu'à elle. Ainsi, comme la science - mais à un plus haut point, puisque c'est sa raison d'être - la doctrine sacrée se définit par son point de référence ultime. Il faut, comme le disait Aristote, « poser un terme absolument premier » : le premier moteur non mû, la prémisse non déduite, la fin non médiatisée, la cause non causée. Or c'est la dialectique, c'est-à-dire le langage naturel, qui permet de remonter aux « principes premiers ». A cet égard il faut rappeler que *dialectique* et *science*, autrement dit *langage naturel* et *langage scientifique*, sont toujours intimement mêlés dans ce que Gilles-Gaston Granger (Wittgenstein et la métalangue, *Revue Internationale de Philosophie*, 1969) a appelé « le discours *mixte* de la science », montrant que, dans l'œuvre du savant, langage formel et langage non-formel sont irrémédiablement solidaires (p. 44). La recherche des premiers principes ne peut en effet s'effectuer qu'au moyen du langage naturel : de façon paradoxale, c'est bien le langage naturel qui permet de remonter à ce qu'il y a de plus scientifique dans une science. C'est ici le rôle de cette science première et architectonique qui commande toutes les autres et qui, déjà pour Platon, représentait « le faîte et le couronnement des sciences », cette science nommée *sagesse* qui n'est autre que la dialectique. Notons à cet égard que Michel Villey a parfaitement rendu compte du caractère « architectonique » de la dialectique par l'image suivante, fortement inspirée de Saint Thomas : « Comme l'architecte répartit entre différents corps de métier à chacun sa place, la philosophie distribue à chaque science son domaine » (p. 21).

C'est donc par la parole humaine que l'on peut espérer accéder à ce qui se rapproche le plus de la Parole divine. La parole humaine est le substitut, insuffisant certes, mais le substitut quand même de la Parole divine. Il s'agit ici du mystère de l'Incarnation : Dieu s'est fait homme, le Verbe s'est fait chair, la Parole divine s'est faite parole humaine. Comme le dit Saint Jean Damascène, l'une des sources privilégiées de Saint Thomas après Aristote, Saint Augustin et Denys l'Aréopagite, « c'est par le mystère de l'Incarnation que nous sont révélées, à la fois, la bonté, la sagesse, la justice et la puissance de Dieu, car rien n'est plus grand que ceci : Dieu qui se fait Homme ». La doctrine sacrée ne peut ainsi que rejoindre cette « science de l'unité des fins humaines » d'Aristote, cette science nommée *sagesse* (art. 6). Or, avec la doctrine sacrée, cette intuition est devenue la *foi*.

Sur ce point, Michel Villey ne peut que se référer au *Traité de la foi*. Pour Saint Thomas la foi siège surtout dans l'*intellect*. Elle tient « le milieu entre la science et l'opinion ». Mais ajoute Villey, elle « l'emporte par la certitude sur l'opinion et sur la science » car la « vérité première » qui est Dieu est *l'objet* de la foi. « Aussi est-elle un don de Dieu. Elle exige réceptivité à la révélation divine ; plus qu'argumenter, faire silence, et se soumettre, obéir, qui est écouter (*ob-audire*) » (p. 81). C'est pourquoi il s'agit d'analyser les images et les concepts dans lesquels les vérités de la foi ont été exprimées, c'est-à-dire faire voir tout ce qu'il y a de raisonnable dans la foi. D'ailleurs, « parce qu'elles procèdent de la même source, la Raison et la Foi ne peuvent que s'accorder » : il s'agit seulement de « les réconcilier et, sur leur collaboration, constituer la théologie » (p. 87). Suivant la formule de Saint Anselme, la théologie est en effet « la foi à la recherche de l'intelligence, *fides quaerens intellectum* », elle est « la foi qui cherche à comprendre », elle consiste à mettre toutes les ressources de la raison à la compréhension de la Révélation : « la théologie est poursuite de l'intelligence de la foi ; une sorte d'incarnation de la foi, sa mise en concepts dans le cerveau des intellectuels, et dans ce langage par lequel nous communiquons » (p. 84).

Ainsi la doctrine sacrée est tout entière « discours sur Dieu », « discours humain sur Dieu ». Certes la foi, véritable objet de la doctrine sacrée, dépasse la raison humaine et donc tout discours humain, mais, précisément, *cherchant à comprendre*, elle va utiliser toutes les ressources du langage et du discours humain comme seul substitut, imparfait certes, mais substitut quand même de la Parole divine. C'est pourquoi lorsque Saint Bonaventure reprocha à Saint Thomas d'avoir mis l'eau de la raison dans le vin pur de la sagesse divine, celui-ci put lui répondre qu'en entrant dans la sagesse divine, l'eau, comme à Cana, s'était changée en vin : de même, en entrant dans le domaine de la foi, la raison humaine se rapproche encore plus de la raison divine. Aussi n'est-il pas étonnant que la *doctrine sacrée* soit véritablement la matrice de la *Somme*, considérée, selon la thèse de Michel Villey, comme œuvre de dialectique, et non pas d'analytique.

Or c'est à la Morale qu'est consacrée la masse énorme de la Deuxième partie traitant de l'agir humain. Chez Saint Thomas, comme chez Aristote, le droit et la politique ne sont jamais séparés de la morale : ils n'en sont que le prolongement ou la manifestation dans le domaine de la société, si important pour cet « animal social » qu'est l'homme. C'est pourquoi nous commencerons par la morale proprement dite, ce que nous appellerons la « doctrine morale » (Section 2) avant d'en venir au droit et à la politique, la « doctrine du droit » (Section 3).

SECTION 2 : LA DOCTRINE MORALE

Conformément à sa façon de procéder, Saint Thomas a déjà amorcé l'étude des actes humains à la fin de la Première Partie en soutenant sa thèse capitale, si bien résumée par Jean-Pierre Torrell (*La Somme de Saint Thomas*, Cerf, 1998, p. 43) : « autant Saint Thomas souligne avec force la dépendance totale de la créature par rapport à Dieu, autant il souligne la consistance et l'autonomie de la créature une fois créée ».

Or « l'énorme et complexe masse de cette deuxième partie, aux innombrables considérations fines et détaillées, est ici ramenée à deux catégories essentielles : la *fin* et les *moyens* » (p. 46). Dans le Prologue en effet, Saint Thomas déclare vouloir d'abord étudier la *fin* des actes humains, la fin ultime du retour de l'homme à Dieu : il s'agit du court mais important *Traité de la béatitude* qui est la fin de l'agir humain, la fin ultime étant Dieu lui-même « seul objet béatifiant » (p. 48). Saint Thomas veut étudier ensuite les *moyens* des actes humains, « les moyens par lesquels l'homme parvient à cette fin ou, au contraire, s'en détourne ». Ainsi « la théologie morale de Saint Thomas est placée, non sous le signe de l'obligation, mais sous celui de la quête du bonheur ». Il s'agit donc d'une « morale de la liberté » qui étudie « les actes humains pour savoir quels sont ceux qui nous font atteindre la béatitude et ceux qui nous en interdisent l'accès » (p. 49).

Notons qu'avec l'accès ou non à la béatitude, nous sommes en présence des véritables « sanctions » des actes humains : elles n'en sont, dit le Père Sertillanges (*La philosophie morale de St Thomas d'Aquin*, Aubier, 1942), que « la suite naturelle » (*op. cit.*, p. 421), « la conséquence normale » (p. 416), « l'aboutissement et l'achèvement » (p. 404). Aussi n'est-il pas étonnant que le Père Sertillanges ait pu considérer la morale de Saint Thomas comme une « morale sans obligation ni sanction » (*Les grandes thèses de la philosophie thomiste*, 1928, p. 232). Et, dans son grand ouvrage *Le christianisme et les philosophies* (Aubier, 1941, tome 2, p. 440), le même auteur, tout en notant que cette conception de la morale se trouve déjà chez Saint Augustin pour qui « le pécheur porte en lui même son enfer, il ne parle pas de vengeance ni de représailles, mais de retour de l'ordre sur qui le transgresse », peut-il rapprocher de la morale de Saint Thomas celle du Zarathoustra de Nietzsche : « On a astucieusement introduit la récompense et le châtiment au fond des choses et même au fond de vos âmes, ô vertueux ! Mais voici votre vérité : Vous êtes trop purs pour la souillure des mots *vengeance, punition, représailles*. Vous aimez votre vertu comme une mère aime son enfant, et quand donc entend-on qu'une mère exige d'être payée de son amour ? Votre vertu, c'est votre vous même le plus cher ».

Dans la *Première de la seconde*, Saint Thomas étudie les actes humains en général qui font donc l'objet de la « Morale générale » (I), tandis que dans la *Seconde de la seconde*, il étudie les actes humains particuliers, objet de la « Morale spéciale » (II).

I – LA MORALE GENERALE

Après l'étude de la béatitude, Saint Thomas aborde celle des actes humains proprement dits, d'abord des actes volontaires et libres, « car ce n'est que sous cet aspect qu'ils sont susceptibles d'être bons ou mauvais ». A cet égard c'est à la quest. 18, après avoir rappelé l'identité de l'être et du bien, et la définition du bien comme *la plénitude de l'existence*, que Saint Thomas revient à la conception du mal comme *privation du bien*, il reprend la tradition patristique selon laquelle le mal ne saurait constituer un être ni une nature, mais seulement un manque, une privation, un défaut de l'être - ce qui fait dire au Père Sertillanges que « le mal est la lèpre de l'absence » et ce qui explique la formule de Saint Thomas *le mal est un certain bien*, ainsi que l'avait déjà noté Saint Augustin. En outre le bien, parce qu'il est « plénitude de l'existence », est aussi « conformité à la raison ». Le mal est non seulement une entrave au bonheur et à la liberté, mais également à la raison, donc, de façon générale, une entrave à l'être. Ainsi on comprend pourquoi, dans l'Enfer de Dante, les damnés les plus cruellement châtiés ne sont pas ceux qui ont fait le mal, mais ceux qui n'ont pas fait le bien : les premiers n'ont fait que subir une défectuosité de l'être, là où les seconds ont refusé d'accomplir la plénitude de l'être.

Mais, si la *Première de la seconde* porte sur la *morale générale* (*ici s'achève la morale générale*), la *Seconde de la seconde* porte sur la « morale particulière ».

II – LA MORALE SPECIALE

La *Seconde de la seconde* s'ouvre sur un *Prologue* qui rappelle que la considération du particulier est plus importante que celle du général, et se poursuit par ce grand *Traité des vertus* qui la constitue. Toutes les vertus sont ramenées à sept : les trois *théologales* - la Foi, l'Espérance et la Charité et les quatre *cardinales* - la prudence, la justice, le courage et la tempérance : ayant toutes Dieu pour objet, elles « régulent l'agir humain dans le concret de l'existence » (p. 60).

On peut s'arrêter sur la première des vertus cardinales, la *prudence* déjà définie comme *vertu nécessaire pour bien vivre*. Saint Thomas s'intéresse particulièrement à la connexion des vertus sous l'égide de la prudence : « pas de vertu morale sans prudence, pas de prudence sans vertu morale » dit Jean-Pierre Torrell qui souligne que la prudence « n'est elle-même que dans son lien à la *Charité* », tout comme la *Foi* et l'*Espérance* (p. 68) - ce qui d'ailleurs établit le lien entre *vertus cardinales* et *vertus théologales*. Les trois autres vertus cardinales vont compléter la tâche de la prudence dans « les grands types d'action qu'elles ont à rectifier » : d'abord dans le domaine des relations à autrui, c'est l'œuvre de la *justice*, ensuite dans celui de « la discipline personnelle, c'est-à-dire du rapport de la personne à ses réactions affectives, ses passions » d'où le besoin de la vertu de *courage*, enfin pour que l'on puisse résister à tout ce qui pourrait nous éloigner du bien, on « devra se retenir, se modérer, et c'est ici qu'intervient… la *tempérance* » (p. 69-70).

Ainsi ne peut être mieux attestée la corrélation entre *vertus cardinales* et *vertus théologales* sous l'égide de la grâce : c'est toujours *la grâce qui fait la foi*. De même la grâce soutient constamment l'*espérance*, et c'est encore elle qui est à l'origine de la *charité*. Mais cette corrélation des vertus cardinales et des vertus théologales reste dictée par la raison. Or c'est certainement avec le droit et la politique que les « exigences de la raison » se révèlent les plus nécessaires pour répondre « aux intérêts et aux besoins les plus profonds de la nature humaine ».

SECTION 3 : LA DOCTRINE DU DROIT

La « doctrine du droit » de Saint Thomas se dégage principalement du *Traité des lois* (Ia-IIae, quest. 90-108) ainsi que du *Traité de la justice* (IIa-IIae, quest (57-78). Rappelons qu'on nomme *Traité* l'ensemble des questions portant sur un sujet déterminé et examiné par Saint Thomas dans la *Somme*, celle-ci prenant la forme d'une série de « traités ». Nous examinerons d'abord le *Traité des lois* (I) puis le *Traité de la justice* (II).

I – LE *TRAITE DES LOIS*

Le *Traité des lois* contient la grande distinction des trois formes de Loi, à savoir la *loi éternelle* (A), « clé de voûte de tout l'édifice », qui s'identifie au gouvernement divin, la *loi naturelle* (B) qui en est une participation dans la créature raisonnable, et la *loi humaine* (C) qui en est une expression concrète (question 91 *De la diversité des lois*).

A – *LA LOI ETERNELLE*

La *loi éternelle* (quest. 93) est celle qui gouverne toutes les choses de la création : elle est *la raison du gouvernement divin, la loi de Dieu*.

Car Dieu gouverneur du monde, Dieu législateur organise l'harmonie des lois qui régissent l'univers et dirigent les êtres vers leur fin. C'est pourquoi la loi éternelle rejoint la Vérité, la « raison suprême » :

Michel Villey souligne que la loi éternelle correspond, à ce système général de *relations*, à cet « ordre cosmique universel » que les Grecs (« Héraclite, Pindare, Platon, Aristote ») désignèrent par le mot *Nomos*, sans oublier « les stoïciens qui insistèrent surtout sur sa portée morale » et qui, par l'intermédiaire de Chrysippe, fut « reproduit au *Digeste* ». Son objet est que *dans l'univers tout soit pleinement ordonné*. C'est elle que visait Cicéron dans sa *République* : *Il existe une loi vraie, c'est la droite raison, conforme à la nature, répandue dans tous les êtres, toujours d'accord avec elle-même*. Cette Loi, c'est *la Raison suprême qui est en Dieu*. C'est pourquoi, de cette loi éternelle, « seule la théologie chrétienne en dessine un tableau complet » (p. 97).

B – *LA LOI NATURELLE*

A la différence de la *loi éternelle*, la *loi naturelle* (quest. 94) n'a pas une origine *sacrée* mais *profane*. C'est elle dont Saint Paul dit qu'elle est, par nature, gravée dans le cœur de tous les hommes, païens y compris.

Saint Thomas précise que si la loi naturelle est œuvre de la raison, elle relève de la raison pratique. Or *le premier principe de la raison pratique se fonde sur la raison de bien… Le premier précepte de la loi sera donc qu'il faut* faire et rechercher le bien et éviter le mal. La nature de l'homme étant portée au bien comme à sa fin, la loi naturelle donne lieu à des préceptes conformes à la nature humaine :

C'est donc selon la hiérarchie des inclinations naturelles que s'établira la hiérarchie des préceptes de la loi naturelle : d'abord ceux qui concernent *la conservation de la vie humaine*, ensuite ceux qui sont encore *en commun avec les autres animaux* : l'union des sexes, l'éducation des enfants, enfin ceux qui sont propres à l'homme, conformes à *une inclination naturelle à connaître la vérité sur Dieu et à vivre en société*.

Or c'est au sujet de la *loi naturelle* que Saint Thomas donne une parfaite exemplification du « syllogisme dialectique » qui, relevant de la *raison pratique*, concerne *le domaine du contingent*, par opposition au « syllogisme analytique » qui, relevant de la *raison spéculative*, concerne *le domaine du nécessaire*. Saint Thomas prend l'exemple de l'obligation de restituer les dépôts qui n'est pas toujours vraie.

En outre Saint Thomas rappelle que :

beaucoup de choses contraires à la loi naturelle ont été établies par les hommes.

Il répond en introduisant la distinction entre

des préceptes communs, connus de tous ; puis des préceptes secondaires, plus particuliers qui sont comme des conclusions toutes proches de ces principes.

Or, si la loi naturelle peut disparaître quand il s'agit des *préceptes seconds*, elle reste immuable dans ses *préceptes communs*. Ce sont donc les « préceptes seconds » qui rejoignent la loi humaine.

C – *LA LOI HUMAINE*

Les *lois humaines* (quest. 95-97) sont *dérivées* de la *loi naturelle* qui n'est elle-même qu'une *participation* à la *loi éternelle*. Aussi n'est-il pas étonnant que les questions 95-97, n'apparaissent bien souvent que comme un commentaire, appliqué à la loi humaine, de la grande définition de la loi donnée, au départ, par Saint Thomas dans *De l'essence de la loi* (quest. 90) - définition qui convient parfaitement et (il faut bien le reconnaître) plus particulièrement à la loi humaine :

une prescription de la raison se rapportant au bien commun, promulguée par celui qui a la charge de la communauté.

C'est d'ailleurs la raison pour laquelle Saint Thomas précise :

on dira donc qu'il y a promulgation de la loi naturelle du fait même que Dieu l'a insérée dans l'esprit humain, de sorte qu'elle y soit naturellement connue.

Remarquons tout d'abord que Saint Thomas donne, de la loi humaine, les deux premières caractéristiques générales et corrélatives qui semblent avoir été retenues certainement par tous les théoriciens ultérieurs du droit, jusqu'aux modernes : la loi est *directrice* des conduites humaines et *mesure* de ces conduites. Mais ces deux caractéristiques ont souvent mal été interprétées, surtout par les « modernes » (qui, selon Michel Villey, sévissent à partir du XVIᵉ siècle, et même avant !). En effet ces derniers ont tendance à concevoir d'abord la *direction* des conduites humaines comme étant uniquement l'œuvre de l'autorité établie, alors que, pour Saint Thomas, elle n'est l'œuvre de cette dernière qu'en conformité à la loi naturelle et à la loi éternelle, autrement dit en reprenant les termes de Hayek, la loi n'est pas une pure création de *l'ordre construit*, mais d'abord une conquête de *l'ordre spontané*. Sur la deuxième caractéristique de la loi, les modernes ont également tendance à concevoir la *mesure* des conduites humaines uniquement sur le modèle mathématique si bien résumé par Brunschvicg « connaître, c'est mesurer ». Or, chez Saint Thomas, la *mesure* des conduites humaines doit être plus rapportée à la *prudence* qu'à l'arithmétique, plus à la *justice* qu'au calcul dans le sens où elle se réfère d'abord au *juste milieu* d'Aristote, celui qui est spécifiquement humain. Ainsi la *mesure* renvoie ici à la « moyenne », au « standard » dont le rôle est si grand dans la vie du droit comme dans toute la vie humaine, ainsi que l'avait déjà exprimé Protagoras : *L'homme est la mesure de toutes choses* - car c'est dans ce sens que semble devoir être interprétée la *mesure des conduites humaines* chez Saint Thomas.

Dans la première question qui ouvre l'étude des *lois humaines*, la question 95 *De la loi humaine en elle-même*, Saint Thomas s'interrogeant sur l'utilité des lois (art. 1), donne déjà une remarquable analyse des rapports entre la loi et le juge. Reprenant le mot d'Aristote selon lequel le juge est *la justice vivante*, celle-ci semble supérieure à *la justice morte contenue dans les lois*. Notons que cette opposition entre la loi comme « justice morte » et le juge comme « justice vivante » se retrouve au moins dans trois grands moments de l'histoire de la pensée juridique : chez Calvin avec l'opposition de la loi comme « magistrat muet » et du magistrat comme « loi vive », chez Duguit et Hauriou remarquant que les lois ne sont en réalité rien de plus que des « propositions de loi » jusqu'à leur application par le juge, enfin dans le *réalisme* américain ou scandinave pour qui « le droit est ce que dit le juge », comme l'avait déjà affirmé, ainsi que le rappelle Michel Troper (Justice constitutionnelle et démocratie, *R. F. D. C.*, 1990-1, p. 36), l'évêque anglais Hoadley au XVIIe siècle.

Cependant Saint Thomas n'en reste pas là : invoquant la déficience humaine, notamment celle des juges devant le grand nombre de cas particuliers qui ne manquent pas de se présenter, ceux-ci ont besoin de quelque chose de fixe et d'établi présentant une généralité suffisante, et c'est précisément ce que leur offre la loi. Ne retrouve-t-on pas ici la grande idée de Saint Thomas (et d'Aristote) selon laquelle l'homme ne saurait avoir une véritable connaissance de l'individuel, mais seulement de l'universel ? D'où la remarque suivante :

il vaut mieux tout régler par la loi, plutôt que de s'en remettre à l'arbitre des juges.

Un peu plus loin, dans la question 96 *Du pouvoir de la loi humaine*, à l'art. 6, Saint Thomas revient sur les rapports du juge et de la loi, avec trois problèmes intimement liés : celui de la soumission du juge à la loi, celui du recours à l'intention du législateur, et celui de savoir s'il faut juger selon *l'esprit* ou *la lettre* de la loi. Saint Thomas rappelle tout d'abord les paroles d'Augustin selon lesquelles les lois

une fois qu'elles ont été établies et confirmées, il n'est plus licite de les juger, mais c'est d'après elles qu'il faut juger.

Mais, sur les trois problèmes dans leur ensemble, Saint Thomas rappelle tout d'abord que les lois sont justes si elles sont ordonnées à l'intérêt commun, injustes dans le cas contraire. Puis il poursuit qu'il faut suivre la lettre de la loi, sans rechercher l'intention du législateur, sauf cas exceptionnel puisque le sage législateur a posé la loi *en fonction de ce qui arrive le plus souvent.*

Les lois humaines, en effet, n'ont pas la certitude des mathématiques, elles ne relèvent pas de la raison spéculative qui ne connaît que le nécessaire, mais de la raison pratique tournée vers le singulier et le contingent.

En termes aristotéliciens, les lois humaines ne font pas l'objet de l'*analytique*, mais bien de la *dialectique*.

Les lois humaines ont pour but, dit Michel Villey, de « mettre en œuvre la loi naturelle, lutter contre les vices, servir les vertus » et, à ce titre, « il faut les *remplir* d'un contenu *propre*, approprié aux circonstances de temps et de lieu ». C'est pourquoi il faut « les mettre noir sur blanc » et, c'est seulement dans cette mesure qu'elles deviennent *lois écrites*. En outre, si la détermination des lois relève de la *prudence*, leur efficacité requiert que leur édiction revienne au gouvernement de la Cité, comme ce fut le cas avec « les législateurs de l'Antiquité gréco-romaine » (p. 99). En effet « les questions de droit, Dieu les laisse à l'initiative des hommes » (p. 103), Dieu « laisse à *l'arbitre de l'homme* le soin de déterminer le droit » - ce qui est reconnaître « la compétence en ce domaine de la Raison naturelle de l'homme » (p. 106-107).

On comprend donc pourquoi Michel Villey, à la différence de la plupart des commentateurs du droit chez Saint Thomas, n'ait pas cru devoir donner une importance primordiale au *Traité des lois* : la première forme de loi, la « loi scientifique », à cause même de sa généralité, n'est pas spécifique au droit, la seconde forme de loi, la « loi morale », malgré son rôle pédagogique, n'intervient qu'indirectement dans la gestation et la manifestation du droit, quant à la dernière forme, la « loi écrite », elle n'est que la traduction seconde, approximative et partielle de la réalisation du droit dans des circonstances précises de temps et de lieu. Ainsi Michel Villey n'a pas entièrement tort de noter que ce « traité des lois » est plutôt un « traité de morale » : la loi naturelle ou « morale » en occupe le centre, elle est la manifestation, dans l'ordre humain et moral, de la loi éternelle qui est au-dessus d'elle puisqu'elle rejoint la loi divine, source de toute science et de toute action, enfin la loi humaine n'est qu'une traduction possible, imparfaite et contingente de la loi morale - ce qui souligne que, pour la connaissance réelle du droit, est peut-être, selon Michel Villey, plus important que le *Traité des lois*, celui *de la justice*.

II – LE *TRAITE DE LA JUSTICE*

Le passage du Traité des lois au Traité de la justice est donc celui du général au particulier, de l'abstrait au concret, du théorique au pratique, du latent au manifeste, de l'instituant à l'institué. Le premier porte sur le droit *en puissance*, le second sur le droit *en acte*, la justice étant « le droit *en acte* » comme la loi est « le droit *en puissance* ». C'est pourquoi, si le premier a trait à la *justice morte* et le second à la *justice vivante*.

En suivant toujours fidèlement Michel Villey, nous rappellerons d'abord la conception du droit et de la justice selon Saint Thomas (A) avant d'envisager le *Traité de la justice* dans son ensemble comme expression du droit naturel (B).

A – DROIT ET JUSTICE

C'est seulement dans le *De jure* ouvrant le *Traité sur la justice* que Saint Thomas « affronte la question du sens du mot *droit* » (p. 113-114). La réponse mise, comme toujours à l'épreuve, est que selon « cette formule d'Isidore de Séville (*Etymologies*) : le mot *jus* dérive de *justum*, parce que le droit est le juste… Le *jus* est donc l'objet de la justice » (p. 115) : grâce au *jus*, le partage est fixe et déterminé. Si l'on évite la confusion entre le *jus* et la *lex* - confusion remontant à Suarez et partagée par la plupart des modernes, on a ici la véritable définition du mot « droit » qui désigne « la chose juste - *id quod justum est* » (p. 120).

Ainsi le *droit* ne désigne « plus un idéal confus, mais vraiment une chose existante et définissable… Il a lieu au sein d'une cité » (p. 126). Villey le répète sans cesse avec Ulpien repris par Justinien : le droit a pour objet le juste, *suum cuique retribuere*. « Le *jus* est *tributio*, juste répartition de biens ou charges entre les personnes, poursuite de l'*aequum*, d'un milieu entre l'excès de bien (*lucrum*) et l'insuffisance (*damnum*), juste milieu cherché dans les choses mêmes *medium rei* » (p. 127). Et, lorsque s'élève un litige, il faut avoir recours au juge dont l'acte est de « dire le droit ».

Du mot *jus*, Saint Thomas retient donc le sens fixé au titre I du *Digeste*. Villey ne manque pas de s'en prendre aux juristes modernes (depuis Suarez !) qui ont tourné le dos à cette définition, car elle aurait pu sauver « notre métier du mépris », ajoutant qu'il est mal famé : « s'il consiste à utiliser au profit d'on ne sait quel client n'importe quel texte positif, il devient l'affaire des *valets de la classe dominante*. Et le lieu de l'hypocrisie. Qu'est devenu le droit ? Une technique sordide » (p. 128-129).

A partir de là, on peut envisager le *Traité de la justice* comme expression du droit naturel.

B – LE TRAITE DE LA JUSTICE COMME EXPRESSION DU DROIT NATUREL

Nous confronterons l'analyse de Michel Villey à la conception de Hayek, même si cette confrontation peut paraître incongrue (on trouverait difficilement chez Hayek une référence à Aristote, encore moins à Saint Thomas, malgré leurs écrits économiques), elle nous semble néanmoins être fort instructive.

Rappelons d'abord que le rôle du « prudent » est, selon Saint Thomas, de servir l'ordre spirituel, de même que, chez Hayek (notre ouvrage, *Commons et Hayek, défenseurs de la théorie normative du droit*, L'Harmattan, 2003), le rôle du juge est de « maintenir et d'améliorer » l'ordre spontané. L'expérience du droit spontané, les *idées généralement admises sur ce qui est juste* est, pour le juge, un guide plus sûr que *le cercle des opinions reçues qui ont trouvé une expression dans la loi écrite*. A cet égard Hayek se réfère au droit romain : *le droit civil des Romains est presque entièrement le produit de l'activité des juristes à la recherche de ce qui est juste, et très peu le produit de la législation*. Il rejoint donc entièrement tout l'enseignement de Michel Villey qui, à partir du droit romain, n'a cessé de défendre la même conception du droit. Ainsi l'action du juge est-elle guidée par cette fin qui est de préserver et d'améliorer l'ordre spontané, conformément aux principes qui permettent de veiller au respect du « règne du droit ».

En outre Michel Villey rend encore hommage à Saint Thomas pour avoir « si lucidement perçu l'esprit du droit romain classique », en invoquant le *Digeste* : *Il ne faut pas que le droit soit tiré de la règle, mais que du droit existant soit tiré la règle* (p. 165). Or Hayek ne dit pas autre chose traduisant ainsi la formule du *Digeste : ce n'est pas le droit qui découle de l'autorité, mais toute autorité qui découle du droit*, l'autorité n'étant chargée que de la mise en œuvre et de la sanction du droit ? Ainsi le « droit naturel » chez Saint Thomas a-t-il été fort souvent mal interprété et même considéré comme le contraire de ce qu'il est vraiment, cela aussi bien par les jusnaturalistes se réclamant du thomisme que par les juspositivistes qui ont pris Saint Thomas pour leur cible privilégiée (p. 173).

Des définitions précédentes, il résulte que le droit renvoie toujours à des rapports de droit préexistants, c'est-à-dire à ce droit spontané qui émane directement des rapports sociaux, ce droit que l'on a pu souvent caractériser de « pur », « intuitif », « naturel », ce droit que Duguit et Georges Scelle avaient qualifié de « droit objectif ». Or la meilleure illustration de ce droit reste la notion d'« ordre spontané » telle qu'on la rencontre chez Hayek car renvoyant aux *idées couramment admises sur ce qui est juste*. Selon Hayek, l'ordre spontané apparaît comme un ordre abstrait, global, polyvalent, caractérisé par sa plasticité ainsi que par son aptitude à la prévision, à la prévention et à la protection des attentes légitimes des individus. *Le but des règles de droit*, écrit Hayek, *est simplement d'éviter, en traçant des frontières, que les actions des individus ne se contrarient*.

A cet égard « l'ordre spontané » tel que le conçoit Hayek donne, de façon très curieuse et peut-être même paradoxale pour un penseur moderne peu porté vers les choses religieuses ou métaphysiques, une assez bonne approche de ce que l'on pourrait appeler « l'ordre divin », « l'ordre spirituel » chez Saint Thomas puisque, comme celui-ci, il revêt deux dimensions inséparables : la connaissance et l'action, la dimension *cognitive* et la dimension *pratique*. Or, entre connaissance et action, entre *être* et *devoir-être*, il n'y a pas cette barrière infranchissable qu'ont voulu élever les modernes, notamment Kelsen. Ces deux dimensions sont en effet inséparables, ainsi que le répétera Hayek lorsqu'il présentera « l'ordre spontané » comme le fruit de « l'évolution culturelle », comme porteur et véhicule de modèles de savoir et de conduite continuellement intégrés, adaptés et améliorés par les générations successives. Car, si la dimension *cognitive* de l'ordre spontané permet de générer les règles de juste pensée et de juste discours, sa dimension *pratique* est à l'origine des règles de juste conduite qu'elles soient sanctionnées par l'autorité ou non.

Il en va de même chez Saint Thomas qui ne sépare jamais la raison spéculative de la raison pratique, la dimension cognitive et la dimension pratique, toutes deux subordonnées à Dieu pour être mises au service de l'humain dans la science première, universelle et architectonique, la *doctrine sacrée* dans tout son développement.

*
* *

Ainsi, dans tous les domaines, Saint Thomas a dépassé et transcendé la dialectique aristotélicienne au moyen de la foi. Aussi n'est-il pas étonnant que la dialectique d'Aristote n'ait pu porter tous ses fruits, grâce à Saint Thomas, qu'au contact du christianisme. C'est pourquoi, avant d'être une notion marxiste, la dialectique est peut-être une notion chrétienne – ce qui était déjà le cas chez Hegel, et explique que l'on puisse trouver l'effigie d'Aristote, à côté de celle des saints du christianisme, au porche des cathédrales (Chartres).

Selon Michel Villey, les sciences humaines et le positivisme reposent précisément sur le refus de la dialectique au profit de l'analytique ou logique déductive qui leur donne une apparence scientifique, alors qu'elles ne font souvent que sombrer dans ces dérives de la dialectique que sont la rhétorique et la sophistique. Chez René Girard, la même critique des sciences humaines repose sur la dénonciation de la violence fondatrice et du meurtre fondateur que ces sciences visent à cacher. Dès lors la rencontre de Michel Villey et de René Girard apparaît clairement dans la mesure où, pour cacher le meurtre fondateur, il n'est que d'avoir recours à la rhétorique et à la sophistique.

Chapitre 2

JOSEPH DE MAISTRE, PREDECESSEUR DE RENE GIRARD : LE SACRIFICE ET LA VIOLENCE

Le thème du sacrifice qui est inséparable de la religion et qui est toujours lié à celui de la violence, se trouve au cœur de l'œuvre de Joseph de Maistre (1753-1821), comme de celle de René Girard (1923-2015) - c'est pourquoi le second s'est souvent référé au premier, et n'a pas manqué de lui rendre hommage. Ce thème s'avérant vite sulfureux a grandement contribué à alimenter ce que nous avons appelé *Le scandale Joseph de Maistre* (L'Harmattan, 2015), par analogie à ce que Jean-Claude Guillebaud avait appelé naguère « le scandale René Girard » (*Le Monde*, 27-28 mai 1979).

Des différents ouvrages de Joseph de Maistre, ceux qui nous intéressent plus particulièrement ici sont évidemment son *Eclaircissement sur les sacrifices* (1810), mais aussi *Les soirées de Saint-Pétersbourg* (1821). Précisons que notre guide indispensable a été l'ouvrage de Pierre Glaudes *Joseph de Maistre*, contenant ses principales œuvres - édition annotée et présentée, suivie d'un « dictionnaire », lui-même établi et dirigé par le même éminent spécialiste.

Compte tenu du rôle que Joseph de Maistre a toujours reconnu aux sacrifices (dans l'ensemble de son œuvre, et pas seulement dans son *Eclaircissement sur les sacrifices*), nous allons éclairer son point de vue à la lumière de celui de René Girard qui, près de deux siècles plus tard, depuis *La violence et le sacré* de 1972, jusqu'à *Achever Clausewitz* de 2007, n'a cessé de mettre le sacrifice au centre de sa réflexion, montrant l'ambivalence du sacrifice, à la fois comble de la violence et remède à la violence – ambivalence clairement perçue par de Maistre dans son *Eclaircissement sur les sacrifices* (Préliminaires). Ce préalable étant posé, deux thèmes essentiels peuvent être abordés, confirmant que Joseph de Maistre est le véritable prédécesseur de René Girard : la dénonciation des sacrifices (Section 1), à partir duquel le sacrifice apparaît comme origine de la science et centre d'une philosophie de l'histoire (Section 2).

PRELIMINAIRES : L'*ECLAIRCISSEMENT SUR LES SACRIFICES* : HORREUR ET FONCTION DU SACRIFICE

Joseph de Maistre a rappelé, avec sa fougue et son talent, l'horreur des sacrifices (1) auxquels seul le christianisme a apporté une réponse en même temps qu'un frein (2-).

1 – L'horreur des sacrifices

Alors que les Lumières n'avaient vu, dans les sacrifices, qu'une offrande à une divinité, et passé sous silence leur caractère essentiel qui est *l'effusion de sang*, il faut véritablement les prendre en *considération*, faire un nécessaire *Eclaircissement sur les sacrifices* (Saint-Pétersbourg, 1810, complément et prolongement des *Soirées*, notamment des septième et onzième entretiens), puisque « la terre entière, continuellement imbibée de sang, n'est qu'un autel immense où tout ce qui vit doit être immolé sans fin, sans mesure, sans relâche, jusqu'à la consommation des choses... » (*Soirées...*, septième entretien). .

Le sacrifice étant également le soutien le plus efficace de l'autorité, celle-ci eut recours aux sacrifices humains, les victimes étant souvent des criminels dont l'exécution délivrait de son mal non seulement le criminel lui-même, mais aussi la communauté tout entière qui aurait été coupable de laisser un crime impuni. Un degré de plus dans l'échelle d'abomination des sacrifices humains fut franchi lorsque, comme victimes expiatoires, aux criminels furent ajoutés les ennemis capturés, prisonniers ou otages, et un degré supplémentaire lorsque furent ajoutés les étrangers en général, ces ennemis en puissance. Ce degré dans la cruauté est donc proportionnel à l'innocence de la victime : c'est le comble de l'iniquité, « à la honte de l'espèce humaine ».

L'histoire nous donne un tableau épouvantable de l'horreur des sacrifices humains qui se sont rencontrés partout dans le monde. Ce tableau est illustré notamment par les pratiques des Gaulois (selon le « rapport de César ») qui, « par la main des druides », avaient érigé les sacrifices humains « en institutions publiques et légales » : ceux-ci « subsistèrent dans les Gaules, comme ailleurs, jusqu'au moment où le christianisme s'y établit : car nulle part ils ne cessèrent sans lui, et jamais ils ne tinrent devant lui ». Il faut évoquer également les Tyriens, les Phéniciens, les Carthaginois, les Chananéens, « Athènes, dans ses plus beaux jours, pratiquait ces sacrifices tous les ans... Rome, dans les dangers pressants, immolait des Gaulois ». Mais le comble de l'horreur revient à l'Amérique au moment de la conquête espagnole : les prêtres réclamaient « jusqu'à vingt mille victimes humaines par an », ce qui impliquait le recours à la guerre ou au sacrifice des enfants par leurs parents eux-mêmes qui, au Mexique, arrachaient le cœur de leurs enfants pour en exprimer le sang « sur la bouche de leur idole ». L'Inde elle-même ne peut se débarrasser encore de ce « funeste préjugé », les femmes en étant les victimes privilégiées - tout cela devant des Anglais impuissants ou résignés... (Chapitre II, *Des sacrifices humains*).

Mais si les sacrifices ont existé, depuis l'origine de l'humanité et sur tous les points du globe, ce n'est pas le fait d'un hasard. Comment expliquer le ressort et le mécanisme de cette pratique attestée tant par l'histoire que par l'anthropologie, et qui choque autant la « raison » (qui ne l'« indique nullement ») que le « sentiment » (qui la « repousse ») ? Comment expliquer que ce « rite fondamental des nations » soit à l'origine de « toute espèce de culte », qu'il fonde les « institutions » de toutes les sociétés ? La réponse à cette question a été donnée par le christianisme.

2 – La réponse chrétienne

Le christianisme qui, le premier, a compris à la fois la fonction et l'horreur du sacrifice, devait y apporter la réponse la plus adéquate avec Le Christ : la victime n'est pas choisie arbitrairement par les hommes, c'est l'innocence même qui se choisit comme victime pour racheter les hommes, telle est la force de la *rédemption par le sang* qui montre « l'efficacité merveilleuse du sacrifice volontaire de l'innocence qui se dévoue elle-même à la divinité comme une victime propitiatoire ». En libérant l'homme du mensonge des « fausses religions », de l'horreur des sacrifices humains, le christianisme a *renouvelé la face de la terre*. D'ailleurs, à l'imitation du Christ, les premiers martyrs et, à leur suite, les meilleurs des chrétiens ont voulu prendre sur eux tous les péchés du monde pour en délivrer les hommes : tel est ce qu'Origène a appelé les « rédemptions *diminuées* » (P. Glaudes, *op. cit.*, dictionnaire : « Origène », p. 1241).

C'est en effet le christianisme qui apporte la réponse au problème du mal avec le « péché originel » qui a fait naître tous les hommes coupables : *Nos mères nous ont conçus dans le crime*. L'homme a été corrompu et doit sans cesse purger cette tare congénitale. Or le moyen privilégié de cette purgation n'est autre que le « sacrifice sanglant » : la colère céleste ne peut être apaisée que par le sang. C'est une « opinion aussi ancienne que le monde, *que le ciel irrité contre la chair et le sang, ne pouvait être apaisé que par le sang* ».

Cette opinion est fondée tout entière sur le « dogme de la réversibilité » selon lequel, « tous les hommes étant coupables », un innocent peut prendre la place d'un coupable : le mal ne peut être racheté que par le sang, mais devient l'instrument du bien. Il s'agit d'une « horrible superstition » qui, certes, possède des « vertus rédemptrices », mais qui montre à l'évidence les limites du paganisme qui a abusé, « d'une manière déplorable » du dogme de la réversibilité. Car une victime devient l'instrument du salut, et prend un caractère sacré, ainsi que l'indique l'origine du mot « sacré », le latin *sacer* qui « était pris dans la langue latine en bonne et en mauvaise part… *Sacré* signifie, dans les langues anciennes, ce qui est *livré à la Divinité*, n'importe à quel titre, et qui se trouve ainsi *lié* » ». Le sacrifice marque le passage du sacré « pris en mauvaise part » au sacré « pris en bonne part », opère la conversion du mal en bien.

Cependant, si le paganisme a abusé du dogme de la réversibilité, il a compris la vertu rédemptrice du sacrifice qui instaure une « communion » entre les membres du groupe : en cela, le paganisme « étincelle de vérités, mais toutes altérées et déplacées », il est « juste et prophétique dans sa racine ». Cette vérité du paganisme, seul le christianisme peut l'attester, lui seul a montré qu'« il ne peut y avoir de religion entièrement fausse », lui seul a détecté « l'instinct religieux du genre humain ». Sous les pratiques « les plus monstrueuses », celles qui ont « le plus déshonoré le genre humain », le christianisme a découvert les vestiges de dogmes authentiques, « le résidu vrai, qui est divin » (P. Glaudes, *op. cit.*, Introduction à l'*Eclaircissement*..., p. 802) (Chapitre III, *Théorie chrétienne des sacrifices*). La justification des sacrifices repose donc tout entière sur la culpabilité de l'homme, sur le péché originel, ce mystère « qui explique tout, et sans lequel on n'explique rien »... et qui n'a pas « lui-même besoin d'être expliqué » (*Soirées*..., 2ᵉ entretien).

Ce rappel permet d'aborder les thèmes annoncés : la dénonciation des sacrifices (Section 1), puis le sacrifice comme origine de la science et centre d'une philosophie de l'histoire (Section 2).

SECTION 1 : LA DENONCIATION DES SACRIFICES

La dénonciation des sacrifices est clairement opérée, chez Joseph de Maistre, par sa critique de la Réforme et de la Révolution (I) et son pressentiment du « mécanisme victimaire » (II).

I – LA CRITIQUE DE LA REFORME ET DE LA REVOLUTION

La critique maistrienne de la Réforme et de la Révolution s'éclaire singulièrement à la lumière de la « théorie mimétique » de René Girard, dans la mesure où toutes deux apparaissent comme des victoires du règne de la « médiation interne » (A), et la Révolution comme l'explosion, à retardement, d'un rite sacrificiel (B).

A – LA REFORME ET LA REVOLUTION, VICTOIRES DE LA « MEDIATION INTERNE »

Si, après la Réforme, de Maistre pourfend la Révolution, c'est qu'elle inaugure l'ère du *nivellement* de tous les ordres, de toutes les classes, de tous les hommes. Tocqueville fera d'ailleurs le même constat. Ainsi l'article 1er de la *Déclaration des droits de l'homme et du citoyen* (« tous les hommes naissent libres et égaux en droit ») remet radicalement en cause le fondement hiérarchique de la société de l'ancien Régime, et ne peut aboutir qu'au désordre et à la violence.

Or, en rejetant l'autorité, la Réforme avait déjà privé les hommes de la référence à un modèle idéal qui est régulateur de l'action (la « médiation externe ») pour les livrer à une rivalité de plus en plus grande entre des « semblables » réputés égaux - ce qui est dérégulateur (la « médiation interne ») de la cohésion sociale et aboutit à la « crise sacrificielle ». Ainsi elle a ouvert la voie à la Révolution.

En effet, si la Révolution inaugure l'ère du *nivellement*, pour Girard, c'est ce « nivellement », source d'« indifférenciation », qui est à l'origine de la violence. En proclamant l'égalité des hommes, la *Déclaration des droits de l'homme* tend à faire de chaque homme le « double mimétique » de l'autre, ce qui les dresse les uns contre les autres, les convertit tous en « frères ennemis ». Par cette contagion, la violence se propage et s'exaspère en une spirale de représailles toujours plus intenses, celle de la violence réciproque et généralisée, la « violence mimétique » ou « violence sacrificielle ».

Aussi n'est-il pas étonnant que la Révolution ait pris la forme d'un rite sacrificiel.

B – LA REVOLUTION : UN RITE SACRIFICIEL

La Révolution a mis en lumière le rôle de ce « sacrificateur » par excellence que fut Robespierre. Lorsque de Maistre le taxe de « monstre de puissance, ivre de sang et de succès, phénomène épouvantable », on ne peut lui donner tort. Mais lorsqu'il ajoute « phénomène… qu'on n'avait jamais vu, et que sans doute on ne reverra jamais », si la formule est belle et emphatique, elle est loin d'être vraie. Avant Robespierre, il y eut déjà beaucoup de monstres du même acabit, mais, après lui, il y en eut encore beaucoup plus, notamment la triste figure d'Hitler auquel ces phrases font irrésistiblement penser.

A cet égard Joseph de Maistre n'a cessé de dévoiler le caractère sacrificiel de la Révolution française qui a libéré les forces du mal. Il ne voit en elle qu'un retour aux rites sacrificiels des anciennes religions, une résurgence du paganisme au cœur du christianisme. Le plus lamentable est que cette résurgence ait eu lieu dans le pays le plus civilisé d'Europe, symbole de « l'âge classique », synthèse du « siècle de la Raison » et du « siècle des Lumières », celui qui avait porté au plus haut point l'idéal du classicisme et de l'humanisme :

« Une illustre nation, parvenue au dernier degré de la civilisation et de l'urbanité, osa naguère, dans un accès de délire dont l'histoire ne présente pas un autre exemple, suspendre formellement cette loi (d'amour) : que vîmes-nous ? en un clin d'œil, les mœurs des Iroquois et des Algonquins ; les saintes lois de l'humanité foulées aux pieds ; le sang innocent couvrant les échafauds qui couvraient la France ; des hommes frisant et poudrant des têtes sanglantes, et la bouche même des femmes souillée de sang humain » (*Eclaircissement sur les sacrifices*).

Cependant, aussi horribles que soient les sacrifices, ils ont un sens caché que de Maistre n'a pas manqué de découvrir et que Girard appelle le « mécanisme victimaire ».

II – LE PRESSENTIMENT DU « MECANISME VICTIMAIRE »

Selon René Girard, toute l'histoire de la culture n'a fait que méconnaître le « mécanisme victimaire ». Très rares sont les penseurs qui échappent à cette méconnaissance, et, selon Girard, de Maistre a le mérite d'en faire partie. A cet égard, à plusieurs reprises, René Girard rend hommage à de Maistre qui a pressenti le mécanisme victimaire.

Il est certain que de Maistre avait bien formulé les axiomes du « mécanisme victimaire » en énonçant la « loi de compensation » selon laquelle *la violence ne peut être repoussée que par la violence*, puis la « loi de substitution » d'après laquelle une victime prend en charge la culpabilité de toute la communauté, ainsi que l'exprime le « dogme de la réversibilité » par lequel un innocent prend la place d'un coupable. Rappelons que de Maistre avait retrouvé ce dogme non seulement chez Origène, mais également chez Plutarque dont la traduction et les Commentaires qu'il donna des *Délais de la justice divine*, lui permit de découvrir chez l'historien grec, comme le dit Pierre Glaudes, « les germes d'une pensée chrétienne » (P. Glaudes, *op. cit.*, dictionnaire : « Plutarque », p. 1253-1254).

C'est pourquoi on ne peut accuser de Maistre d'avoir opéré une sacralisation du mal, d'avoir succombé au satanisme, puisque celui-ci entre dans les desseins de la Providence ainsi que l'exprimera Baudelaire dans une célèbre apostrophe :

Soyez béni, mon Dieu qui donnez la souffrance comme un divin remède à nos impuretés !

Car si de Maistre avait sacralisé le mal, on aurait pu l'accuser d'être tombé dans le *gnosticisme*, d'autant plus qu'il ne pouvait rejeter l'idée - ne serait-ce que par son expérience maçonnique - qu'une connaissance supérieure (ou *gnose*) puisse nous apporter le salut. Mais, du gnosticisme, de Maistre ne pouvait admettre l'opposition d'un « Dieu créateur du monde » comme mauvais démiurge, à un Dieu bon qui est le « Dieu sauveur ». Là encore, c'est la doctrine de l'Eglise, édifiée depuis Saint Augustin, comme réponse au dualisme gnostique, qui est, pour de Maistre, le meilleur des guides.

En ce qui concerne la « loi de substitution », Girard relève que, dans son *Eclaircissement sur les sacrifices*, de Maistre a parfaitement perçu les « signes préférentiels de sélection victimaire » en notant que les victimes de la haine collective sont souvent des criminels, des prisonniers, ou simplement des étrangers (R. Girard, *Des choses cachées...*). A cet égard rappelons que de Maistre souligne la progression dans le mal que représente, dans ces sacrifices, la substitution du prisonnier au criminel, puis de l'étranger au prisonnier, y voyant le comble de l'iniquité, « à la honte du genre humain ».

De plus, en signalant les autres ravages du « sacrifice animal », en rappelant que les victimes privilégiées furent souvent les animaux les plus doux, les plus proches de l'homme, des animaux domestiqués, « les plus en rapport avec l'homme par leur instinct et leurs habitudes », de Maistre anticipe la conception girardienne de l'origine de l'élevage comme réserve d'animaux pour les sacrifices (R. Girard, *op. cit.*).

De même, avec sa « critique du sauvage », la dénonciation de Joseph de Maistre anticipe celle que donnera Girard des rites sacrificiels des religions archaïques ainsi que sa critique de l'ethnologie (qui est presque toujours celle du « bon sauvage ») remontant à Montaigne célébrant l'excellence du « cannibalisme Tupinamba », jusqu'à Lévi-Strauss en passant par le XVIIIe siècle et Rousseau. Et, pour Girard - comme pour Joseph de Maistre - c'est le christianisme, religion de l'innocence de la victime, qui, le premier, a montré le caractère odieux des rites sacrificiels, quelles que soient la latitude et la longitude sur lesquelles se trouvent les peuples qui les pratiquent. Ainsi de Maistre rend déjà compte du passage « de la violence au sacré », il rappelle les deux sens du mot « sacré » qui, dans le latin *sacer* peut être pris « en bonne ou en mauvaise part », le sacrifice effectuant précisément ce passage qui est, selon Girard, celui du « maudit » au « béni ».

Ainsi, dans son *Eclaircissement sur les sacrifices*, de Maistre a clairement perçu l'essentiel du mécanisme victimaire, la conversion du mal en bien opérée par le « dogme de la réversibilité » dont Origène, depuis longtemps, avait dégagé la signification. Mais, dès ses *Considérations sur la France*, de Maistre avait déjà parfaitement montré comment la Révolution française n'était que la mise en œuvre ce mécanisme. En effet cette entreprise satanique qui a « couvert l'Europe de larmes et de sang », qui a foulé aux pieds ce qu'il y avait de plus sacré en France, ne pouvait qu'entrer dans les desseins de la Providence. L'effusion de sang ne peut être que la condition d'une régénération, et les atrocités révolutionnaires le prélude d'une restauration de la souveraineté divine. Ainsi faut-il donner tout son sens à la formule des *Considérations* : « admirer l'ordre dans le désordre » (P. Glaudes, dictionnaire : « Révolution », p. 1270).

Cette transformation du désordre en ordre, « de la discorde en concorde », est l'œuvre du « dogme de la réversibilité » pour de Maistre, celle du « mécanisme victimaire » pour Girard. La révélation du mécanisme victimaire parachève donc la dénonciation du sacrificiel qui débouche sur la découverte de l'origine sacrificielle de la science et l'esquisse d'une philosophie de l'histoire centrée sur le sacrifice.

SECTION 2 : LE SACRIFICE A L'ORIGINE DE LA SCIENCE ET AU CENTRE D'UNE PHILOSOPHIE DE L'HISTOIRE

L'origine sacrificielle de la science montrant que les anciennes religions ont préparé la religion chrétienne (I), est à la genèse d'une philosophie de l'histoire, centrée sur le sacrifice, et esquissée par de Maistre (II).

I – L'ORIGINE SACRIFICIELLE DE LA SCIENCE

Joseph de Maistre affirme que le christianisme est à l'origine de la science (A) car, en dénonçant le sacrificiel, il a apporté une véritable « connaissance de la méconnaissance » (B).

A – LE CHRISTIANISME, A L'ORIGINE DE LA SCIENCE

De Maistre rappelle que le siècle des Lumières a vu dans la religion chrétienne la plus grande entrave à la science qui puisse exister. Il ajoute que cette conviction fut déjà celle de Bacon qui « se plaint ouvertement du tort que le Christianisme avait fait aux sciences », ainsi à le lire, « on croit entendre un encyclopédiste » (*Examen de la philosophie de Bacon*, 1814-1816). En effet l'Encyclopédie et le XVIIIe firent de Bacon leur guide indispensable. Or les Lumières, en niant que la raison soit redevable au christianisme, pour en faire au contraire un instrument contre lui, n'ont fait que « battre leur nourrice » (*Soirée...*, fin du neuvième entretien). Mais comment le Dieu chrétien pourrait-il s'opposer à la science alors que celle-ci nous donne la connaissance de l'ordre de l'univers qui se confond avec l'ordre divin ? La science est le fruit de l'intelligence par laquelle l'homme se rapproche de Dieu : c'est ici l'enseignement constant de l'Eglise, rappelé par Saint Thomas, selon lequel « nous avons la raison en commun avec Dieu », même si, en ce domaine comme dans les autres, Dieu nous dépasse infiniment. Aussi n'est-il pas étonnant que « Copernic, Képler, Descartes, Newton, les Bernouilli, etc. sont des productions de l'Evangile », ces « géants » furent chrétiens (*Examen de la philosophie de Bacon*). La science est un produit du christianisme et de l'Europe (intimement liés l'un à l'autre) : « le sceptre de la science n'appartient à l'Europe que parce qu'elle est chrétienne » (*Soirées...*). C'est en effet le Christ qui a apporté à l'humanité la vraie science qui est « la connaissance de la méconnaissance ».

B – LA SCIENCE COMME « CONNAISSANCE DE LA MECONNAISSANCE »

En remarquant que « ce n'est pas sans une grande raison que, dans les temps primitifs, nous voyons la science renfermée dans les temples et couverte des voiles de l'allégorie » (*Examen de la philosophie de Bacon*), de Maistre ne peut que penser au *rideau du Temple* de l'Evangile, celui qui, au moment de la mort du Christ, *se déchira en deux, du haut en bas...* - ce qui signifie que c'est bien le Christ qui nous a apporté la science. Mais de Maistre a encore parfaitement compris que le *rideau du Temple* cache non seulement la science, mais aussi le sacrifice, ainsi qu'il le montre dans *Les soirées...*, faisant alors explicitement référence au texte de l'Evangile :

« Le genre humain professait ces dogmes (du sacrifice) depuis sa chute, lorsque la grande victime *élevée pour attirer tout à elle*, cria sur le Calvaire :
TOUT EST CONSOMMÉ !

Alors le voile du temple étant déchiré, le grand secret du sanctuaire fut connu… Nous comprîmes pourquoi l'homme avait toujours cru qu'une âme pouvait être sauvée par une autre, et pourquoi il avait toujours cherché sa régénération dans le sang » (*Soirées...*, début du neuvième entretien).

Rappelons que le mot du Christ *tout est consommé* exprime le véritable sens de sa mission accomplie, pour laquelle il a été envoyé par Dieu :

Quand le temps fut accompli, Dieu envoya son fils. Il est clair que, pour de Maistre, ce *temps accompli* est celui des sacrifices, celui où les sacrifices jouaient encore un rôle, devenu désormais impossible par la Révélation du Christ. A cette idée, René Girard devait donner tout son retentissement : « l'accomplissement des temps » est le moment où les religions archaïques ayant épuisé tous leurs moyens, ne peuvent plus restaurer l'ordre et la paix par le sacrifice d'une victime innocente, « l'accomplissement des temps », c'est la fin de l'inconscient persécuteur, la révélation du « mécanisme victimaire » (R. Girard, *Le bouc émissaire*, Grasset, 1982, p. 279).

Ainsi de Maistre a parfaitement compris que le *rideau du Temple* cache non seulement la science, mais aussi le sacrifice : la révélation de l'une ne peut aller sans la révélation de l'autre.

Selon Girard, en révélant l'innocence de la victime, le christianisme a montré que le mensonge des rites sacrificiels contenait une vérité qui est celle de l'innocence de la victime. Or cette découverte se trouve déjà chez de Maistre pour qui seul le christianisme a rendu compte de « l'instinct religieux du genre humain », sous les pratiques « les plus monstrueuses », celles qui ont « le plus déshonoré le genre humain », le christianisme a découvert les vestiges de dogmes authentiques, « le résidu vrai, qui est divin » (précité, *Eclaircissement*, chapitre III). De son côté, Girard écrit : « toute démystification vient du christianisme » ou encore « le seul religieux vrai est celui qui démystifie les religions archaïques » (R. Girard, *Achever Clausewitz*, Introduction, p. 19), et ce « vrai religieux », bien loin d'être opposé à la science, en est véritablement l'origine et la condition d'existence - ce qu'avait fort bien compris Joseph de Maistre lorsqu'il disait : « Aucune religion, excepté une, ne peut supporter l'épreuve de la science... La science est une espèce d'acide qui dissout tous les métaux, excepté l'or ». Ainsi le christianisme a découvert la véritable vocation de la religion que les religions anciennes n'avaient fait qu'entrevoir - ce qui permet à de Maistre, comme à Girard, d'esquisser une philosophie de l'histoire centrée sur le sacrifice.

II – LE SACRIFICE AU CENTRE D'UNE PHILOSOPHIE DE L'HISTOIRE

Le point de départ de cette philosophie de l'histoire, centrée sur le sacrifice, est l'idée selon laquelle les anciennes religions préparent la religion chrétienne (A), et son point d'arrivée est une vision apocalyptique de l'histoire (B).

A – LES RELIGIONS ANCIENNES, PRE-CONNAISSANCE DE LA RELIGION CHRETIENNE

Dans l'histoire des religions anciennes, les « religions archaïques » (1) ont précédé le judaïsme (2).

1 – Les religions archaïques

Par la *Révélation*, le christianisme rend caduques toutes les anciennes religions qui reposent sur le sacrifice d'une victime innocente. Ainsi le christianisme prolonge et renverse à la fois toutes les anciennes religions. Toute religion est vraie dans la mesure où elle prépare et annonce la religion chrétienne.

Car les rites sacrificiels ont un sens authentiquement religieux. Pour de Maistre, les anciennes religions annoncent et préparent la religion chrétienne : « Toute religion ne peut être entièrement fausse », dit de Maistre, le paganisme est « juste et prophétique dans sa racine », il « étincelle de vérités, mais toutes altérées et déplacées » (précité, *Eclaircissement*...).

Cette idée, Girard n'a cessé de l'approfondir en montrant que les religions préchrétiennes avaient un sens : « remplacer une possible violence généralisée par une violence moins grande, celle des sacrifices » (R. Girard, *Quand ces choses commenceront*, p. 125).

Si, pour Girard comme pour de Maistre, les religions préchrétiennes préparent le christianisme, c'est le cas privilégié du judaïsme dont procède d'ailleurs le christianisme.

2 – Le judaïsme

De Maistre et Girard s'accordent encore avec la doctrine chrétienne qui a toujours affirmé que l'Ancien Testament annonce le Nouveau. De Maistre rappelle que, dans les premiers temps des persécutions, les Chrétiens furent souvent confondus avec les Juifs, ajoutant que la traduction des livres sacrés en latin et la dispersion des Juifs à travers le monde, « avaient fait connaître de tout côté la loi mosaïque, qui devenait ainsi une introduction au Christianisme ». De Maistre admire particulièrement le « livre des livres », celui des Psaumes dont il dit qu'ils « sont une véritable *préparation évangélique*... de toutes parts on y lit les promesses de tout ce que nous possédons ». Enfin, tout en soulignant que les anciens Juifs avaient toujours inspiré respect et admiration chez les peuples étrangers, et jusque chez leur colonisateur romain, Joseph de Maistre relève une remarque de Philon d'Alexandrie confirmant que le judaïsme préparait bien le christianisme : « Philon, si je ne me trompe, observe quelque part que le grand-prêtre des Juifs, seul dans l'univers, priait pour les nations et les puissances étrangères » (*Soirées…*, neuvième entretien). Ainsi de Maistre a-t-il parfaitement compris ce que Girard appelle « la relation singulière qui unit et sépare en même temps ce que les chrétiens appellent les deux Testaments », à savoir « le sol forcément biblique de tout débusquage de la violence » (R. Girard, *Achever Clausewitz*, p. 103).

Car de Maistre ne fait pas une lecture sacrificielle de l'ancien Testament, il n'est pas victime de la tradition qui fait de Yahvé le « Dieu jaloux », le « Dieu vengeur », en somme, la divinité persécutrice ; au contraire, comme le souligne Pierre Glaudes, il n'a cessé de rechercher « un Dieu de Justice, issu de l'Ancien Testament » (P. Glaudes, *op. ct.*, p. 799).

Mais de Maistre réaffirme que, déjà présent dans l'Ancien Testament, le « Dieu de justice » ne se révélera vraiment que dans le Nouveau, car, par la Révélation, *le christianisme a changé la face de la terre*. Non seulement Girard donne raison à cette formule, mais en plus il l'explicite à la lumière de la révélation du mécanisme victimaire qui opère un retournement complet des religions préchrétiennes.

Cependant Girard et de Maistre s'accordent encore pour voir, dans la venue du Christ, non seulement une libération de l'homme, mais aussi l'annonce de l'Apocalypse.

B – LA VISION APOCALYPTIQUE DE L'HISTOIRE

La vision apocalyptique concerne aussi bien l'histoire humaine (1) que l'histoire du monde (2).

1 – L'histoire humaine

Dans la continuité de *L'Histoire universelle* de Bossuet, la Providence est, pour de Maistre, une « force cachée » qui gouverne le cours de l'histoire. Ainsi a-t-on vu son action dans la Révolution où cette force dépasse les hommes dont ils ne sont que les exécutants, « force entraînante qui courbe tous les obstacles » : les révolutionnaires n'ont été que les instruments de la Providence, les exécuteurs des « arrêts divins ». N'est pas pour autant annihilée la liberté de l'homme qui doit se mettre au service de cette « force cachée », seconder la Providence « comme un ministre intelligent, libre et soumis » : c'est le but de la *prière* que cette libre soumission à la volonté de Dieu (*Soirées...*, P. Glaudes, *op. cit.*, dictionnaire : « Providence », p. 1261).

D'ailleurs, si l'homme n'était pas libre, il ne saurait être coupable, ce serait la négation du péché originel, le mal ne pourrait plus être expliqué, il n'y aurait plus d'expiation possible, les sacrifices et le « dogme de la réversibilité » n'auraient plus raison d'être. L'ordre providentiel ne peut donc être qu'un ordre sacrificiel métamorphosé par l'avènement du Christ en un ordre rédempteur. Avec le Christ, la « rédemption par le sang » transforme l'histoire humaine en une histoire de la rédemption au cours de laquelle le mal n'est que l'instrument de la Providence pour réaliser l'œuvre de salut et de miséricorde qui est celle de la Création, et qui, selon l'enseignement de l'Eglise et de Saint Thomas, trouve sa vérité dans le mystère de l'Incarnation : Dieu s'est fait homme, le Verbe s'est fait chair, la Parole divine s'est faite parole humaine, la Providence s'est faite histoire. Les nations, les gouvernements, les constitutions et toutes les institutions, à l'instar du monde de la nature, des idées et des langues, ne sont que des dons de Dieu, les manifestations de cette « force cachée » qui s'impose dans la durée pour révéler son œuvre de miséricorde.

Cependant la venue du Christ n'a pu mettre fin à la violence. Le péché originel a continué à faire son œuvre, appelant encore et toujours le châtiment divin, ainsi que le montre bien le « tableau épouvantable » de l'histoire dressé par Joseph de Maistre comme une succession ininterrompue de guerres, plus meurtrières les unes que les autres, du Romain Marius jusqu'à la Révolution qui fut le châtiment réservé à la France pour avoir failli à sa mission (être « la fille aînée de l'Eglise »). Avec la Révolution et Napoléon, les guerres ont pris un caractère encore plus atroce et sanglant qui annonce la fin de l'Europe. A la suite de ces guerres et au terme de sa vie, de Maistre écrit à de Bonald : « je meurs avec l'Europe ».

En outre de Maistre avait déjà rappelé que l'œuvre de la Providence ne gouverne pas seulement l'histoire humaine, mais aussi l'histoire du monde.

2 – L'histoire du monde

Le péché originel a souillé non seulement l'homme, mais l'ensemble de la création. A la suite d'Origène, il faut considérer le péché originel comme une malédiction qui a frappé tout l'univers : Adam a entraîné le monde entier dans sa chute. Le sang est donc le prix du rachat, non seulement de l'homme, mais de toutes les créatures : le rachat par le sang est une loi, non seulement de l'homme, mais de l'univers entier : « N'entendez-vous pas la terre qui réclame du sang ?... Ainsi s'accomplit sans cesse, depuis le ciron jusqu'à l'homme, la grande loi de destruction violente des êtres vivants » (*Soirées...*, septième entretien, précité). Cette loi est non seulement une loi du monde humain, mais une loi cosmique. Or, dans l'histoire du monde, le moment essentiel est la venue du Christ qui, par son sacrifice, a racheté non seulement l'homme, mais la création tout entière, a permis la rédemption universelle. Là encore, il faut invoquer Origène : « C'était son opinion bien connue *que le sang répandu sur le Calvaire n'avait pas été seulement utile aux hommes, mais aux anges, aux astres et à tous les êtres créés* » (P. Glaudes, *op. cit.*, dictionnaire : « Origène », p. 1240).

Le péché originel peut donc conduire le monde à la catastrophe ainsi que l'avait compris Origène, dans la voie ouverte par l'*Apocalypse* de Saint Jean. A cet égard de Maistre rend hommage à certains « théologiens protestants » qui, au milieu de leurs erreurs, avaient néanmoins déjà bien reconnu ce principe *que plusieurs prophéties contenues dans l'Apocalypse se rapportaient à nos temps modernes* (*Soirées...*, onzième entretien). Le rachat par le sang est donc non seulement une loi du monde humain, mais une loi cosmique (P. Glaudes, *op. cit.*, dictionnaire : « Origène », p. 1240).

De son côté Girard, à la lecture de Clausewitz, a montré que la guerre économique, tout autant que la guerre proprement dite à laquelle elle est toujours liée, est une guerre continue qui ne connaît pas de répit et « qui doit nécessairement conduire aux extrêmes ». Là encore le risque de la montée aux extrêmes provient de la similitude croissante des concurrents, de leur accession à des « conditions d'indifférenciation » identiques. Or on se rapproche aujourd'hui dangereusement de ces conditions, avec leurs conséquences désastreuses que sont la misère du tiers-monde, le chômage de masse, la pollution, la dégradation de l'environnement, le réchauffement climatique, et avec elles, on se rapproche, sans le savoir ni le vouloir, de la « crise sacrificielle »… Se réalise donc la prophétie biblique et évangélique selon laquelle c'est la haine qui détruit la nature et menace le monde, c'est la violence humaine qui met la planète en danger, c'est elle qui prépare l'Apocalypse : « Si l'on nous avait dit, il y a trente ans, que les événements militaires et environnementaux étaient, dans les Evangiles, un phénomène lié, ou que l'apocalypse avait commencé à Verdun, on nous aurait pris pour des témoins de Jéhovah » (R. Girard, *Achever Clausewitz*, Introduction, p. 14-15).

En effet, pour de Maistre comme pour Girard, l'Apocalypse entre, au plus haut point - c'est-à-dire au point final - dans les desseins de la Providence. A cet égard Girard retrouve toute la critique chrétienne de la philosophie de l'histoire (en visant celle de Hegel) qui est d'avoir oublié le « sens apocalyptique de l'histoire » : la Révélation a échoué à se réaliser, elle a rencontré l'échec du fait de l'immaturité et de l'incompréhension des hommes - l'apocalypse n'étant que « la prescience de cet échec » (R. Girard, *Achever Clausewitz*). Or de Maistre s'était grandement rapproché de cette idée lorsque, après avoir attribué la naissance de la science au Christianisme, il donne néanmoins un avertissement très clair sur les dangers et les dérives de la science lorsqu'elle excède ses limites, lorsqu'elle empiète sur le domaine de la religion, cela en comparant la science au *feu* : « concentré dans les différents foyers destinés à le recevoir, il est le plus utile et le plus puissant agent de l'homme ; éparpillé au hasard, c'est un fléau épouvantable ». Les dangers et les dérives de la science proviennent, chez de Maistre aussi, du manque de maturité des hommes lorsqu'ils n'ont pas encore la capacité de la recevoir, lorsqu'ils ne sont pas prêts, n'en sont pas dignes : « le *feu* ne doit pas être remis aux enfants » (*Examen de la philosophie de Bacon*).

*
* *

Renonçant à tout appareil théologique, de Maistre s'est efforcé de déchiffrer les chemins de la Providence sur la Terre, par de purs raisonnements historiques, sociologiques et politiques. C'est donc en sociologue et politologue, en historien et philosophe qu'il veut en déchiffrer les secrets. Aussi n'est-il pas étonnant que Brunetière ait pu voir en lui « le théologien laïque de la Providence » (*Grande Encyclopédie*, article « Joseph de Maistre »).

Or Girard a procédé exactement de la même façon. Il a montré que la réponse au problème de la violence ne pouvait être que chrétienne, par une démarche qui pourtant, à l'origine, n'avait rien de religieux puisqu'il s'agissait seulement de déchiffrer le langage de la violence, de décrypter son code secret. Girard développe une argumentation logique sans jamais avoir recours au surnaturel, à la transcendance, ne faisant qu'invoquer des arguments empruntés à l'ethnologie, à la sociologie ou à la psychologie, en un mot à l'anthropologie : « Il n'y a rien de proprement religieux dans mes travaux. C'est toujours des rapports humains que je parle » (R. Girard, *Les origines de la culture*, Desclée de Brouwer, 2004, p. 274).

C'est donc une « théorie sociale du religieux » que René Girard développe dans toute son œuvre, comme l'avait déjà fait, avant lui, Joseph de Maistre. A cet égard Girard rappelle le mot de Simone Weil selon lequel « avant d'être une théorie de Dieu, les Evangiles sont une théorie de l'homme » (R. Girard, *Celui par qui le scandale arrive*, Hachette, 2001, Conclusion, p. 281) : il en va de même pour les dogmes qui sont autant des thèses sur l'homme que des thèses sur Dieu. En effet, après s'être demandé si « les Evangiles n'en savent pas beaucoup plus sur la culture humaine que tout ce que l'anthropologie et la sociologie contemporaine prétend nous enseigner » (précité, R. Girard, *Les origines de la culture*, p. 274), Girard répond que « les Evangiles nous fournissent une clé qui ouvre d'innombrables serrures et transforme radicalement la culture » (p. 277).

Par cette démarche, Girard comme de Maistre, tout en dressant l'histoire du christianisme, ont également dressé l'histoire de la sécularisation - comme l'avait également fait, de son côté Hegel, avec sa philosophie de la religion. Cette histoire qui connaît son achèvement dans le christianisme « en tant que religion non sacrificielle » n'est que la révélation progressive du mécanisme victimaire. Le mouvement de l'histoire est en effet celui d'une prise de conscience progressive de ce mécanisme, et trouve son aboutissement dans la Révélation chrétienne qui signe l'acte de naissance de la modernité (R. Girard et G. Vattimo, *Christianisme et modernité*, textes réunis par P. Antonello, trad. franç. Flammarion, 2009).

Mais de Maistre n'est-il pas un réactionnaire, le contraire même d'un moderne ? Refuser la modernité, c'est vouloir le retour aux pratiques sacrificielles, c'est refuser le Christ. En ce sens, paradoxalement, de Maistre n'est pas réactionnaire, il est même, au contraire, incontestablement « moderne » dans la mesure où il est authentiquement chrétien. Si de Maistre était réactionnaire, il aurait justifié les sacrifices, il aurait voulu (comme beaucoup d'autres) s'en accommoder, « transiger » avec eux - ce que son respect de la tradition et du passé aurait pu et même dû l'inviter à faire - mais, par là, il aurait également refusé le Christ, il l'aurait chassé, comme le fera Nietzsche quelque temps plus tard.

Car il y a un choix sur lequel de Maistre n'a jamais hésité, celui du Christ.

Chapitre 3

LOUIS DE BONALD : L'ACCORD DE LA RELIGION CHRETIENNE AVEC LA RAISON
UNE THEORIE SOCIALE DU RELIGIEUX

Les *Réflexions sur l'accord des dogmes de la religion avec la raison* sont le sujet d'un *Manuscrit* de Louis de Bonald (1754-1840), redécouvert dans les années 1960 et publié aux Editions du Cerf grâce à Monsieur Jean de Bonald (Cerf, 2012, Edition établie par Vincent Bouat, Présentée et commentée par Jean-Yves Pranchère). Le texte assez court (une cinquantaine de pages aux Editions du Cerf) a été rédigé vers 1818, au cœur de la Restauration, de Bonald est alors député de l'Aveyron et fidèle soutien de Louis XVIII.

Ce texte est avant tout une apologie de la religion chrétienne dans ses bienfaits sur la société. Ses dogmes sont en effet régulateurs de l'action au niveau individuel et, partant, organisateurs et éducateurs de la vie sociale. Ils ont donc un rôle social de mise en ordre, ils vont toujours dans le sens de la raison. C'est dire que le problème de la société est au centre du *Manuscrit* et que la « raison » des dogmes n'est abordée que pour la société et par rapport à elle. C'est pourquoi, dès 1982, Jean-Baptiste Fages qui avait pu avoir accès au *Manuscrit*, peut noter, à son sujet, que de Bonald « est sans doute le premier à avoir envisagé une théorie sociale du religieux » (*Comprendre René Girard*, Privat, 1982, p. 150, note 15). C'est précisément cette thèse que nous allons vérifier en commençant par une *lecture*, suivie d'un *commentaire*.

LECTURE

Après une sorte de brève introduction, de Bonald subdivise son texte sous les six rubriques suivantes que nous allons numéroter :
I Du dogme de la trinité ;
II Du dogme de l'incarnation ;
III Du dogme de la rédemption ;
IV Sur la confession ;
V Sur les conseils de la religion ;
VI Des conseils de la religion.

Nous suivrons l'ordre d'exposition des trois premières rubriques ; en revanche nous ferons passer les trois dernières tout au début (pour des raisons que nous allons donner) dans ce qui sert d'introduction, par laquelle nous allons donc débuter.

« INTRODUCTION »

De Bonald commence par un avertissement sur sa méthode (A), avant d'aborder le premier dogme fondamental du christianisme, celui du péché originel (B).

A – SUR LA METHODE

Dès la première phrase, l'auteur précise que son approche est nullement théologique : « Nous ne parlerons ici ni de l'existence de Dieu, ni de l'immortalité de l'âme, ni des peines et récompenses de l'autre vie... ». Il donne tout de suite l'exemple de l'explication du vent : il rappelle l'explication théologique de la mythologie qui attribue les effets du vent au bon vouloir du dieu Eole, car si cette explication « peut plaire à l'imagination..., elle répugne à la raison », il oppose à cette explication celle des physiciens car « elle s'accorde avec la raison, c'est-à-dire à ce que nous savons et ce que nous voyons des propriétés des fluides... », sans qu'il soit besoin de s'interroger sur la cause ultime du vent (p. 63). Ainsi son explication des dogmes suivra la méthode des physiciens qui renonce à s'interroger sur les causes ultimes des phénomènes car « ces choses sont impénétrables à notre raison » (p. 64).

Avant d'aborder le deuxième point consacré au péché originel, il nous semble opportun de faire intervenir ici les trois dernières rubriques du *Manuscrit* dans la mesure où elles complètent la méthode. De plus, mais toujours pour des raisons méthodologiques, nous modifierons leur ordre d'exposition, en plaçant tout d'abord, sous un « complément 1 », la rubrique V *Sur les conseils de la religion* qui affirme le primat de l'intérêt général sur l'intérêt personnel, ensuite, sous un « complément 2 », la rubrique VI *Des conseils de la religion* qui porte sur les trois vœux de pauvreté, de chasteté et d'obéissance, enfin, sous un « complément 3 », la rubrique IV *Sur la confession* qui rappelle la nécessité d'un ministère pour sa bonne administration.

COMPLEMENT 1 : *SUR LES CONSEILS DE LA RELIGION* (LE PRIMAT DE L'INTERET GENERAL SUR L'INTERET PERSONNEL) (p. 96)

L'intérêt personnel s'oppose à l'intérêt général. « La morale est l'intérêt général et il n'y a pas d'ennemis plus irréconciliables que le personnel et le général » (p. 96). Ainsi laisser les intérêts personnels livrés à eux-mêmes, c'est conduire à « la guerre de tous contre tous ». L'intérêt personnel ne sert que l'égoïsme, il oublie l'intérêt général que la religion lui rappelle sans cesse (p. 97). La religion « nous commande de nous aimer, de nous servir les uns les autres en vue de Dieu parce que nous sommes membres d'une même famille dont il est le Père...». Les orgueilleux qui ne connaissent que l'intérêt personnel « livrent l'homme et la société aux passions des méchants. En un mot..., la raison n'est que la passion domptée » (p. 98).

COMPLEMENT 2 : *DES CONSEILS DE LA RELIGION* (DES VŒUX DE PAUVRETE, DE CHASTETE ET D'OBEISSANCE) (p. 98)

Les conseils de la religion « peuvent se réduire aux mortifications volontaires et aux vœux monastiques de pauvreté, de chasteté et d'obéissance » (p. 98).

Ces conseils se trouvent en accord avec la religion païenne, notamment stoïcienne qui demande à l'homme de s'affirmer, mais aussi avec les préceptes de la médecine qui recommande la tempérance, enfin avec la politique qui attend des sujets, non seulement l'obéissance, mais également la conduite d'une vie saine et morale concourant au bien-être d'ensemble de la société (p. 99).

En outre tempérance et sobriété vont dans le sens d'une bonne économie car la population augmente beaucoup plus vite que les ressources (p. 100-101).

Bref « le vœu de pauvreté dans les uns produisait l'esprit de désintéressement, dans les autres le vœu de chasteté contribuait à rendre plus innocent dans le monde le commun des deux sexes, le vœu d'obéissance religieuse disposait les sociétés à l'obéissance civile » (p. 106-107).

COMPLEMENT 3 : *SUR LA CONFESSION* (LA NECESSITE D'UN MINISTERE) (p. 91)

Pourquoi un homme devrait-il confesser ses fautes à un autre homme, alors qu'il peut le faire, dans le for de sa conscience, en s'adressant directement à Dieu qui sait tout sur lui ? Mais, dans ce cas, l'homme interprète lui-même ce qu'il croit être la réponse de Dieu - ce qui le laisse finalement seul juge de lui-même. C'est pourquoi un intermédiaire est indispensable : « Dieu... n'agit sur les hommes que par le ministère et l'intermédiaire des hommes et il n'a pas laissé l'appréciation du crime au jugement du criminel et le pardon à la discrétion de celui qui le demande » (p. 92). A l'objection selon laquelle le prêtre est un homme comme les autres, de Bonald répond que le juge est également un homme comme les autres, mais, en tant que juge, il est un « ministre du pouvoir », de même que le prêtre est un « ministre de J.-C. » (p. 93). La confession a en outre la vertu de requérir les conseils d'un ami éclairé et bienveillant, et, en combattant l'amour-propre et l'orgueil, de rendre plus facile le commerce entre les hommes (p. 94).

B – DU DOGME DU PECHE ORIGINEL

Le dogme du péché originel ne fait que traduire, sur le plan religieux, cette « inclination au mal », fruit de la « transmission héréditaire » et qui est le propre de l'espèce humaine (p. 64). Ce qui caractérise l'homme, en effet, est « le même penchant à l'orgueil et à la révolte » que combattent sans cesse « les lois, la force publique, le gouvernement... pour la répression de nos passions ». Ainsi « les philosophes qui ont supposé l'homme naturellement bon, et attribuent à l'état de société la dépravation de son cœur, ont déréglé l'homme et bouleversé le monde ». C'est pourquoi, pour entrer dans la société de Dieu, nous avons besoin du baptême, « sacrement qui a la vertu d'effacer la tache originelle et produit les mêmes effets qu'une sentence de *réhabilitation* rendue en faveur des enfants d'un père condamné pour crime d'Etat... » (p. 65). Ainsi de Bonald peut-il énoncer le grand principe qui va être le guide de ses réflexions :

« c'est dans la société civile qu'il faut chercher les exemples et les motifs qui puissent nous aider à expliquer ce qui se passe relativement à nous dans la société religieuse... » (p. 66).

I – DU DOGME DE LA TRINITE (p. 66)

L'accord de la politique et de la religion est d'abord l'accord de la monarchie française et de la religion catholique - même si cet accord peut revêtir une forme plus générale avec d'autres religions et d'autres régimes politiques. Ainsi l'une des premières affirmations selon laquelle la royauté est « l'image la plus parfaite de la divinité..., la divinité même appliquée à l'ordre extérieur de la société » (p. 67), est non seulement celle de la religion catholique (et de la religion chrétienne en général), mais également celle de la plupart des religions préchrétiennes. Mais, pour ce qui est de l'accord de la monarchie et de la religion chrétienne, sa plus forte illustration est donnée par le dogme de la Trinité, celui des trois personnes, le Père, le Fils et le Saint-Esprit, unies en une seule. En effet ce dogme se retrouve dans « l'ordre extérieur de la société », dans l'organisation même de la monarchie qui, à travers le roi, prévoit « trois personnes bien distinctes » pour exercer les « trois fonctions essentielles de la royauté » : le « législateur suprême », le « chef suprême de la force publique » et « l'administrateur général, distributeur des grâces et des emplois ». « Cette distinction est si naturelle qu'elle se retrouve, quoique défigurée, jusque dans les systèmes de politique qui s'éloignent le plus de la nature et qui tous font un dogme de la distinction des pouvoirs en pouvoir législatif, pouvoir exécutif et pouvoir judiciaire », faisant fi de l'unité et de l'indivisibilité du pouvoir en confondant pouvoirs et fonctions (p. 68). Or les trois fonctions législative, exécutive et « administrative » sont une et indivisible parce qu'elles sont les « fonctions souveraines de la royauté ». Si bien qu'il ne peut y avoir de « monarchie, non pas constitutionnelle mais constituée ou naturelle », si un roi n'a pas « la plénitude de toutes ces fonctions du pouvoir ». Les trois « personnes royales » correspondent d'autant plus aux trois « personnes divines » que le Père est « souverain législateur de l'univers », le Fils « chef suprême de la société chrétienne » pour laquelle il « juge et combat », et le Saint-Esprit « administrateur » dans la mesure où Il « gouverne toute l'économie de la religion » - ce qui est conforme aux Saintes Ecritures selon lesquelles « la volonté appartient au Père, l'action au Fils, l'administration à l'Esprit ». En outre, pour les « personnes royales » comme pour les « personnes divines », si l'action procède de la volonté, l'administration procède à la fois de la volonté et de l'action, puisque la Deuxième Personne procède de la Première, comme la Troisième procède de la Première et de la Seconde (p. 69). En ce qui concerne la troisième personne royale à qui revient l'administration, « elle a également besoin de lois qui règlent son exercice et de la force qui en assure l'exécution » (p. 70).

D'une façon générale, « toute la constitution de toute société » repose sur « les trois personnes de pouvoir, de ministre et de sujet » : telle est le cas de « toute monarchie constituée sur les lois naturelles de la société » (p. 71). La volonté appartient au Père, l'action appartient au Fils, « juge des vivants et des morts », venu faire non sa volonté mais celle de son Père, l'administration appartient au Saint-Esprit « qui donne à tout le corps de l'Eglise la vie et le mouvement » (p. 72).

Il existe donc un lien intime entre « la monarchie constituée et la religion catholique... l'une ne peut s'altérer sans que l'autre ne s'en ressente ». C'est ainsi que les « peuples réformés... n'ont pu s'écarter de la religion catholique sans s'éloigner de la monarchie » (p. 73).

II – DU DOGME DE L'INCARNATION (p. 73)

La venue des dieux sur la terre, sous les formes les plus diverses, se trouve déjà dans les anciennes religions. Cette antique croyance contient une part de vérité : « l'erreur n'est jamais qu'une vérité incomplète... l'idée la moins raisonnable a toujours une raison... » (p. 74).

La part de vérité de cette antique croyance, c'est d'abord « qu'il y a des rapports naturels et complices entre Dieu et l'homme... un dogme de la révélation nous enseigne que l'homme a été fait à l'image et à la ressemblance de Dieu » (p. 75). C'est ensuite qu'entre Dieu et l'homme, il faut un Médiateur. Si, avec Rousseau, on refuse tout intermédiaire, la parole de Dieu, chacun « peut l'interpréter à son gré, l'entendre selon son caprice, et s'en servir pour autoriser les actions les plus criminelles et les opinions les plus erronées » (p. 76). Pour cette « société particulière » que fut le peuple juif, « premier peuple de Dieu », ce Médiateur fut Moïse. Pour « la société universelle du second et dernier peuple de Dieu », il fallut un « Homme universel », un homme « au-dessus de l'humanité, un Homme-Dieu » (p. 77). C'est en raison de cette double nature divine et humaine que « le Fils de Dieu » a voulu être « méconnu, persécuté, mis à mort » (p. 78). En effet « la grandeur n'est jamais plus respectable que lorsqu'elle se rapproche des hommes et s'abaisse jusqu'à eux pour relever et soutenir leur faiblesse » (p. 78-79). C'est pourquoi « l'Incarnation du Fils de Dieu est l'ouvrage ou plutôt le chef-d'œuvre de son amour pour les hommes, c'est l'abaissement infini d'une grandeur infinie inspiré par un amour infini pour une créature infiniment misérable » (79). Cette double nature divine et humaine du Christ s'explique encore par le fait que « sans présence réelle de la divinité il n'y a point d'amour de la part des hommes, et par conséquent point de religion qui est un lien d'amour entre Dieu et les hommes ». Cette présence réelle se manifeste « au milieu de nous sous une forme mystique, sous le voile des espèces du pain et du vin... » (p. 80). Pour mettre fin aux anciennes religions, « il fallait une présence réelle de la divinité pour faire disparaître de l'univers toutes ces présences fantastiques, il fallait un Homme-Dieu pour bannir de la société tout ce peuple de dieux... » (p. 82). Cette vérité du Christ doit inspirer toute société pour se ranger sous son autorité car « nulle autre autorité que la sienne n'a été donnée à la société pour être forte et bonne... Toute société qui ne connaît pas *l'Homme-Dieu* ne peut conserver ni Dieu ni l'homme ».

L'accord de la religion et de la raison se reconnaît dans un autre grand dogme, celui de la rédemption.

III – DU DOGME DE LA REDEMPTION (p. 83)

L'origine lointaine du dogme de la rédemption se trouve, bien avant l'avènement du christianisme, dans la « doctrine des expiations », « aussi ancienne que le genre humain et qu'on retrouve chez tous les peuples ». Si le fondement de la société est « le maintien de l'ordre entre les hommes », elle doit ramener l'ordre partout où il y a du désordre : c'est le rôle de l'expiation vis-à-vis de la faute. L'idée maîtresse de cette doctrine est que « Dieu pardonne... la faute lorsqu'elle est expiée volontairement » (p. 83). En effet la faute ayant créé un désordre social, l'expiation a pour fonction de ramener l'ordre. Mais le coupable étant « indigne de paraître devant le juge » qui est Dieu, un autre membre de la société, au-dessus de tout soupçon, doit intercéder en sa faveur. « Une suite nécessaire du dogme de l'expiation est que l'innocent peut intercéder pour le coupable » (p. 84).

Du fond des âges également provient l'idolâtrie qui *défigure* l'image de Dieu et des hommes, dans l'individu, dans la famille, dans la société politique : « l'enfant était sans valeur, la femme sans dignité, l'esclave une bête de somme, l'étranger un ennemi... ». Par l'idolâtrie, le genre humain se rendait « coupable de lèse-divinité et de lèse-humanité. Il était tout entier dans le désordre, et devait être ramené à l'ordre par le châtiment » (p. 87).

Pour mettre fin à l'idolâtrie et réaliser dans sa vérité la « doctrine des expiations », il a fallu attendre « un *Homme*, mais un Homme représentant, par la dignité de son être et l'excellence de sa nature, l'humanité tout entière ». Ainsi « l'Homme-Dieu est l'Homme universel, s'offrant lui-même au pouvoir universel de son Père pour la rédemption de l'univers » (p. 88).

Ainsi, à considérer les trois dogmes fondamentaux, « on trouvera que le dogme de la Trinité se rapporte plus particulièrement à Dieu dont il nous révèle la mystérieuse fécondité dans la production des personnes divines : le dogme de l'Incarnation à J.-C., venu sur la terre sous le voile de l'humanité (p. 90), le dogme de la Rédemption au genre humain qui en a été l'occasion et en a recueilli les fruits » (p. 91).

IV – BILAN DU *MANUSCRIT*

Dès le départ, l'auteur avertit que, bien que traitant des dogmes, son approche ne sera pas théologique mais scientifique. Dans ce que nous avons appelé les « compléments », de Bonald souligne le rôle social des recommandations chrétiennes : la confession exalte la vertu d'humilité (complément 3), les trois vœux de pauvreté, de chasteté et d'obéissance raffermissent le corps et l'esprit et tendent à pacifier les rapports sociaux (complément 2), enfin le primat de l'intérêt général sur l'intérêt personnel, commandé par l'Ecriture, ne peut qu'aller dans le sens de l'harmonie sociale (complément 1). Mais le cœur du *Manuscrit* reste l'examen des quatre principaux dogmes du christianisme qui contient avant tout un acte de foi en la raison et en la société : d'abord le dogme du péché originel offre à l'homme la possibilité d'échapper au mal congénital grâce au secours des impératifs de la société, ensuite le dogme de la Trinité trouve son expression politique achevée dans la monarchie qui réalise l'union des fonctions souveraines, puis le dogme de l'Incarnation, par la réconciliation de Dieu et de l'homme, divinise la société, enfin le dogme de la Rédemption montre que cette réconciliation est seule capable de sauver tous les hommes et d'instaurer ainsi une société divinisée pour l'humanité tout entière.

COMMENTAIRE

Dans ce *Manuscrit*, de Bonald apparaît comme le véritable précurseur, pour ne pas dire fondateur, de la sociologie religieuse et politique (Section 1), et cette qualité est entièrement confirmée par la « théorie mimétique » de René Girard (Section 2).

SECTION 1 : DE BONALD, PRECURSEUR DE LA SOCIOLOGIE RELIGIEUSE ET POLITIQUE

Dans ce texte, de Bonald ne s'écarte de son domaine de prédilection qui est celui des sciences sociales, morales et politiques que pour faire une incursion dans la science religieuse qui lui permet d'ailleurs la poursuite et à l'approfondissement de sa pensée sociale et politique. C'est ce que confirme l'examen de ses différents points.

I – SUR LA METHODE

En rejetant l'explication théologique au profit d'une explication strictement scientifique, de Bonald a préparé le positivisme d'Auguste Comte. C'est en effet ce rejet que retient Auguste Comte lorsqu'il oppose à l'âge théologique, l'âge positiviste ou scientifique dans lequel on refuse de s'intéresser à la cause ultime des phénomènes pour se borner à établir des lois entre les phénomènes.

Or cette méthode scientifique est déjà celle de Joseph de Maistre. Renonçant à tout appareil théologique, de Maistre s'est efforcé de déchiffrer les chemins de la Providence sur la Terre, par de purs raisonnements historiques, sociologiques et politiques. C'est donc en sociologue et politologue, en historien et philosophe qu'il veut en déchiffrer les secrets.

II – COMPLEMENT 1 *SUR L'INTERET PERSONNEL ET L'INTERET GENERAL*

La religion et la politique sont les deux manifestations de la même structure d'ordre qui est celle de la raison. Dans cette structure d'ordre, c'est la religion qui commande la politique, c'est-à-dire l'ordre de la société. En effet, sans Dieu, il n'y aurait que des hommes isolés. C'est Dieu qui fait la vie en société, et qui, par là même, fait l'homme. Par la grâce divine, la société est composée, non pas d'individus isolés, mais de *personnes* en interaction les unes avec les autres, dans la mesure où chacune est investie d'une fonction, est appelée à remplir une mission qui concourt an bien-être d'ensemble de la société. Les rapports sociaux sont nécessaires comme étant l'expression de la volonté de la société qui se confond avec la volonté de Dieu.

De Bonald apparaît ici comme le véritable précurseur de la science sociale au sens moderne, de la sociologie dont Auguste Comte signera l'acte de naissance tout en reconnaissant sa dette envers de Bonald dont il ne fait que « laïciser » le propos, tout comme le fera, un peu plus tard, Durkheim qui conserve même l'expression de « transcendance » (on n'a pas manqué de le lui reprocher) pour caractériser la position de la société par rapport à l'individu. Dans la filiation directe de de Bonald, Auguste Comte affirme que tous les individus sont les fonctionnaires de la société parce qu'ils remplissent une fonction sociale, et que « ce n'est pas l'homme qui fait l'humanité, mais l'humanité qui fait l'homme ».

De Bonald est également l'un des premiers à défendre la thèse selon laquelle il existe un lien intime entre la religion et la société. Cette thèse laïcisée est au centre de la sociologie d'Emile Durkheim qui voit dans la religion l'expression par excellence de la société, le fait religieux étant la manifestation la plus caractéristique du fait social, car le « principe éducateur » de la société se trouve dans le religieux. Pour de Bonald, la religion est non seulement au centre de la vie sociale, mais en plus elle en est le fondement même - thèse qui est aujourd'hui au centre de l'œuvre de René Girard.

III – COMPLEMENT 2 *SUR LES TROIS VŒUX DE PAUVRETE, DE CHASTETE ET D'OBEISSANCE*

Par le seul exemple qu'ils donnent, les trois vœux de pauvreté, de chasteté et d'obéissance contribuent à combattre ou du moins à modérer ces trois fléaux sociaux que sont respectivement l'esprit de lucre, l'esprit de jouissance et le goût du pouvoir. Ainsi renforcent-ils indirectement la cohésion sociale - cohésion de la société française que s'efforceront de rétablir, par des voies purement séculières, les fondateurs de la sociologie, Auguste Comte au lendemain de la défaite de 1815 et Emile Durkheim au lendemain de la défaite de 1870. En outre, en freinant la demande, les trois vœux renforcent la cohésion économique puisque Malthus a montré que la population augmente plus vite que les ressources.

IV – COMPLEMENT 3 *SUR LA CONFESSION* (LA NECESSITE D'UN MINISTERE)

Avouer ses fautes directement à Dieu, à l'intérieur de sa conscience, c'est ouvrir la porte à toutes les justifications, à la subjectivité et à l'arbitraire. Un intermédiaire est donc nécessaire. Il ne peut s'agir que d'un homme, partageant avec le confessé la condition humaine, mais d'un homme bon, compréhensible et impartial, ce qu'est à l'évidence le prêtre, représentant de Jésus-Christ. En combattant l'égoïsme et l'orgueil, la confession rend plus faciles les rapports sociaux. Ainsi, à l'instar des vœux monastiques, elle tend à faire passer l'intérêt général avant l'intérêt personnel. Elle remplit donc une fonction éminemment sociale, conforme à la raison puisqu'ayant pour but de « dompter la passion ».

V – DU PECHE ORIGINEL

Le péché originel prend acte du mauvais côté de l'homme, sa tendance à l'égoïsme, à l'orgueil, son goût du pouvoir - ce qui va à l'encontre de la communauté des hommes, de sa cohésion, de son harmonie et de son bien-être. La réponse chrétienne au péché originel est le sacrement du baptême par lequel l'individu est introduit dans la société de Dieu, la « société religieuse » par laquelle il doit faire passer « l'intérêt général » avant « l'intérêt personnel ». Le baptême est cette

« réhabilitation » par laquelle l'individu est invité à faire passer le bien social avant le mal individuel. Ainsi le baptême a-t-il une signification profondément sociale. Si, contrairement à Rousseau, de Bonald pense que « l'homme est naturellement mauvais, c'est la société qui l'améliore », le baptême est cet acte par lequel l'individu prend le parti de « l'intérêt général » contre « l'intérêt personnel ». Il correspond à une grande loi sociale qui a été spiritualisée, « divinisée » selon l'expression de Joseph de Maistre. Le baptême est donc lui aussi, à titre préventif et prédictif, une sacralisation de la raison comme « passion domptée ». Le baptême fait entrer l'individu non seulement dans la société de Dieu mais également dans la société des hommes, la société civile.

VI – DU DOGME DE LA TRINITE

Dans la Trinité, la volonté appartient au Père, l'action au Fils, et l'administration au Saint-Esprit pour donner « vie et mouvement » à la volonté du Père et à l'action du Fils. Dans la monarchie se retrouvent les « trois fonctions essentielles ou souveraines », la fonction du *pouvoir* qui appartient au roi, celle de *ministre* qui appartient à la noblesse et au clergé, et celle d'*administration* qui régit « la vie et le mouvement » des sujets.

Dans la pensée juridique et politique, cette tripartition et sa filiation religieuse ont été reconnues, au moins depuis le XVIIIe siècle, avec Montesquieu et sa célèbre distinction des pouvoirs législatif, exécutif et judiciaire, mais aussi avec Kant qui, au sujet de la même tripartition, parle explicitement d'une véritable « trinité politique ». Cependant de Bonald rejette cette distinction comme émanant de « systèmes politiques les plus éloignés de la nature » ayant « défiguré » les « trois fonctions essentielles de la royauté », « en confondant pouvoirs et fonctions ».

Pour comprendre véritablement le point de vue de de Bonald, il faudra attendre - croyons-nous - la fin du XIXe siècle et l'avènement de ce géant de la pensée juridique que fut Léon Duguit (1859-1928), doyen de la Faculté de Droit de Bordeaux, chef de « l'Ecole du service public ». En effet, disciple d'Auguste Comte et de Durkheim (lui-même professeur à la Faculté des Lettres de Bordeaux), Duguit a toujours fait passer les notions de devoir, de mission, de service, avant celles de pouvoir ou de prérogative. Or substituer la mission à la prérogative, le service au pouvoir, c'est substituer le contenu au contenant, le fond à la forme, la réalité de l'activité à l'autorité qui en est investie, en un mot c'est substituer au *critère organique ou formel* le *critère matériel*, et avec cette substitution apparaît le postulat qui commande toute sa construction, et notamment celle des fonctions étatiques qui nous intéresse directement ici. En effet sa classification des fonctions étatiques ne fait appel à aucun élément organique ou formel mais repose uniquement sur la nature des actes juridiques que chacune des fonctions étatiques est appelée à remplir. Sur cette base, Duguit distingue trois fonctions étatiques : la *fonction législative* consistant à émettre des *actes-règles* qui donnent naissance à des situations juridiques objectives, générales et permanentes, la *fonction administrative* consistant à émettre des *actes-conditions* qui sont la condition de l'application des actes-règles, enfin la *fonction juridictionnelle* consistant à émettre des *actes subjectifs* qui sont faits dans l'intention que se réalise une situation juridique subjective (L. Duguit, *Traité de droit constitutionnel*, 3e éd., 1928). Certes cette classification a pu être largement critiquée, notamment en raison des interférences entre la « fonction administrative » et la

« fonction juridictionnelle » telles que définies. Cependant il devait appartenir à ce grand disciple de Duguit que fut Georges Scelle (1878-1961) de parfaire la classification de Duguit en la remaniant dans un sens qui est encore beaucoup plus conforme aux intuitions de de Bonald. Tout d'abord Georges Scelle (*Traité de droit international public*, Domat-Montchrestien, 1944) rebaptise les « fonctions étatiques » de Duguit, « fonctions sociales essentielles » ou « fonctions constitutionnelles » - ce en quoi il est plus durkheimien que duguiste, plus duguiste que Duguit, d'autant plus que cette expression est fort proche des « trois fonctions essentielles de la royauté » de de Bonald. G. Scelle distingue en effet les trois fonctions suivantes : la *fonction de création du droit* « ou, plus exactement, de formulation du droit » correspond à la « fonction législative » de Duguit, la *fonction juridictionnelle* « vérifie l'investiture et l'utilisation des compétences et, par là, la légalité des situations juridiques », enfin la *fonction exécutive* consiste dans la sanction matérielle de la règle juridique et de l'acte juridictionnel, Georges Scelle en donne cette remarquable définition : elle assure « la concordance de la matérialité des situations sociales avec leur légalité ». Ainsi, conformément à la conception de de Bonald, la première fonction législative exprime la volonté (le Père), la seconde fonction juridictionnelle traduit l'incarnation de la volonté au niveau humain (le Fils), la troisième fonction que Georges Scelle qualifie « d'exécution sanctionnatrice » est la réalisation concrète, au niveau des individus, de la volonté législative (le Saint-Esprit) - cette dernière fonction exécutive apparaît bien comme la véritable finalité des deux précédentes puisque la fonction juridictionnelle est la véritable médiatrice entre la fonction législative et la fonction exécutive (de même que, dans la Trinité, le Fils est le Médiateur, avec la grâce du Saint-

Esprit, entre le Père et les hommes), tandis que la fonction législative est la fonction première, source et organisatrice de tout pouvoir.

Ce légitimiste que fut de Bonald a donc pressenti l'organisation et le fonctionnement de toutes bonnes institutions fussent-elles les plus républicaines qui soient, et préfiguré « l'Ecole du service public » !

Il est vrai cependant que l'examen du dogme de la Trinité veut donner, avant tout, l'exemple le plus probant de l'accord de la monarchie française avec la religion catholique, plus précisément le parfait accord de ce régime politique avec un dogme fondamental de la religion catholique. Si la monarchie apparaît à de Bonald comme la forme achevée du politique, et la religion catholique la forme achevée du théologique, il n'est pas étonnant que l'accord entre les deux relève de ce que Carl Schmitt appellera la « théologie politique » et qu'il ait pu considérer de Bonald comme l'un des principaux pères de cette discipline. Il est donc logique que tout ce qui s'éloigne du dogme catholique, s'éloigne de la monarchie - et ce fut le cas des Eglises protestantes.

VII – DU DOGME DE L'INCARNATION

Le dogme de l'Incarnation exprime cette idée qu'entre Dieu et l'homme, il faut un intermédiaire. Pour remplir une mission aussi éminente, il ne peut s'agir que d'un intermédiaire privilégié, le Médiateur par excellence, le Fils de Dieu le Père, le Christ revêtu de sa double nature divine et humaine qui lui permet de partager la condition humaine, tout en lui insufflant son inspiration divine. Le trait d'union entre Dieu et l'homme est alors l'Amour, amour réciproque de Dieu et des hommes, amour des hommes entre eux : tel est l'ultime message du Christ, promoteur d'une société divine parce que vraiment humaine. La religion est le lien social par excellence : elle révèle l'aspect divin de la société - comme le réaffirmera, dans un tout autre contexte, Auguste Comte.

Les plus anciennes religions retracent les liens privilégiés qui ont toujours existé entre les dieux et les hommes. Mais ces liens furent viciés jusqu'à l'avènement du Médiateur entre Dieu et l'homme « fait à l'image et à la ressemblance de Dieu ». Si Dieu est amour, il est le Père, et son Fils, Jésus-Christ, est le Médiateur entre Dieu et les hommes à qui il ne peut qu'enseigner l'amour. Car il est pleinement Dieu et pleinement homme. « Lien d'amour entre Dieu et les hommes », la religion requiert la double nature divine et humaine du Christ. Seul le Christ assure la « présence réelle » de Dieu au sein de la communauté des hommes sous les deux espèces du pain et du vin. Par la « présence de la divinité », toutes les fausses religions disparaissent et une société vraiment humaine peut s'instaurer en exaltant à la fois Dieu et l'homme.

L'accord de la religion et de la raison se reconnaît dans un autre grand dogme, celui de la rédemption.

VIII – DU DOGME DE LA REDEMPTION

De Bonald s'attache à montrer la portée et la signification sociales du dogme de la Rédemption. La faute humaine, consacrée par le péché originel, est en effet à la source de tout désordre social. Cette faute doit donc être rachetée, mais elle ne peut l'être que par Celui qui est à la fois Dieu et homme, le Christ, l'innocent par excellence qui a accepté de prendre la place du coupable pour racheter tous les hommes. Seule une société fondée sur l'autorité du Christ peut être « forte et bonne ». Elle seule peut rendre grâce à Dieu, en étant véritablement humaine. En effet, par les cultes superstitieux et l'idolâtrie, les anciennes religions rabaissaient à la fois la divinité et l'homme, et ainsi ne pouvaient qu'alimenter le désordre social ; au contraire l'avènement du Fils de Dieu, en exaltant la divinité au-dessus de tout et en élevant l'homme au-dessus de ses passions, posait les conditions d'une société d'harmonie et d'amour qui, au désordre des passions, substitue l'ordre de la raison. Le caractère divin de la société est ainsi élevé au niveau de l'humanité tout entière. Ce même mouvement se retrouvera chez Auguste Comte où il n'est pas étonnant que le positivisme ait pu aboutir à la « religion de l'humanité ».

IX – DES DOGMES EN GENERAL

Ainsi la religion chrétienne joue un rôle éminemment pédagogique en purifiant l'humanité de tout ce qui peut l'éloigner de la divinité, de ce qui est conforme à la nature et à la raison, c'est-à-dire de la vérité. La doctrine chrétienne est l'histoire de cette lente purification au cours des âges, comme avait pu le remarquer Pascal dans une pensée redécouverte par le Père Gaston Fessard et tenant dans cette « simple phrase » (*De l'Actualité historique*, Desclée de Brouwer, 1960, p. 264) :

L'histoire de l'Eglise doit être proprement appelée l'histoire de la vérité (858, édition Brunschvicg).

Tout le *Manuscrit* de de Bonald ne fait qu'illustrer cette pensée que Joseph de Maistre, de son côté, partageait entièrement lorsqu'il notait que les dogmes de l'Eglise « ne sont, en grande partie, que les *lois du monde* divinisées » (*Les Soirées de Saint-Pétersbourg*, Préface à la 2e édition).

Enfin les dogmes du christianisme illustrent une notion qui est particulièrement mise en lumière dans le *Manuscrit*, celle d'*intermédiaire*. Ainsi la confession requiert, entre Dieu et le fidèle, un intermédiaire, investi d'une habilitation particulière, le prêtre. C'est le cas aussi de la réponse au péché originel qui réside dans le *baptême*, administré généralement, dans la tradition catholique, par un prêtre, représentant du Christ. Il en va de même pour le dogme de la Trinité qui trouve son correspondant dans la monarchie avec le roi, lui aussi intermédiaire privilégié entre Dieu et les hommes puisqu'il réunit les trois personnes royales : le « législateur suprême », le « chef suprême de la force publique » et « l'administrateur général des emplois et des grâces ». Le roi n'est-il pas considéré, traditionnellement, comme le « lieutenant du Christ » ? Quant au dogme de l'Incarnation, il repose tout entier sur le Médiateur par excellence, le Christ. Tout comme le dogme de la Rédemption qui complète et parachève celui de l'Incarnation dans la mesure où seul le Médiateur par excellence peut s'offrir comme victime innocente pour racheter les péchés des hommes.

De Bonald s'oppose diamétralement ici à Rousseau qui a poursuivi, dans toute son œuvre, la dénonciation des intermédiaires, notamment en matière religieuse - ce que rappelle le *Manuscrit* lui-même. Cette opposition est flagrante dans la mesure où, éminemment catholique, la doctrine de de Bonald a fait l'apologie de la médiation à tous les niveaux de la vie religieuse, sociale et politique. En effet la notion d'intermédiaire est inséparable, chez de Bonald, de son caractère sacré, qu'il s'agisse du Christ, du prêtre ou du roi. Ce qui confirme ce caractère sacré, c'est que chaque opération liée à un intermédiaire, correspond à un sacrement : c'est explicitement le cas du baptême pour le péché originel, mais aussi celui de l'ordination du prêtre pour la confession, surtout celui de l'eucharistie, la « présence réelle » du Christ sous les espèces du pain et du vin, qui concerne tant le dogme de l'Incarnation que celui de la Rédemption, c'est le cas également du sacre du roi.

X – BILAN DU COMMENTAIRE

Par son approche qui se veut scientifique et non pas théologique, de Bonald préfigure le positivisme d'Auguste Comte. En ce qui concerne ce que nous avons appelé les « trois compléments », ils montrent comment la religion chrétienne s'est efforcée de « dompter les passions », de substituer au désordre des passions, l'ordre de la raison - ce qui ne peut aller que dans le sens d'une « bonne et saine » vie sociale. Par le primat qu'il accorde au social sur l'individuel, de Bonald est le véritable père de la sociologie, comme le célébrera Auguste Comte lui-même. Mais reste le cœur du *Manuscrit*, les quatre principaux dogmes du christianisme. Le dogme du péché originel correspond bien à une « loi naturelle divinisée » selon l'expression de Joseph de Maistre, il invite l'homme à entrer dans cette véritable vie sociale qu'est la vie religieuse : chez l'homme, le mal n'est pas un dessein inéluctable, une fatalité, il peut être conjuré par toute l'éducation qu'enseignent la religion, la morale, la société, la politique dans la mesure où ces dernières sont l'expression de la loi d'amour du christianisme. Traduction politique du dogme de la Trinité, la monarchie ne justifie pas la fausse conception de l'indépendance des pouvoirs, mais la reconnaissance des « trois fonctions sociales essentielles » qu'à travers la théorie du service public de Duguit, Georges Scelle énoncera de la façon la plus précise : les fonctions de formulation du droit, de vérification juridictionnelle et d'exécution sanctionnatrice. En effet « la fausse conception de l'indépendance des pouvoirs » justifie l'existence d'une assemblée titulaire du pouvoir législatif, or de Bonald n'est pas loin de penser, avec Joseph de Maistre, que « jamais rien de bon n'est sorti d'une assemblée » (*De l'Eglise gallicane*) - ce qui l'amène à critiquer, comme ce dernier, la Charte de Louis

XVIII, et à rejeter une « monarchie constitutionnelle » au profit d'une « monarchie constituée », c'est-à-dire conforme à la nature, à l'histoire du peuple et à la géographie du pays : ainsi, selon de Maistre, « la France est monarchique géographiquement ». Cette critique de la séparation des pouvoirs rejoint d'ailleurs celle de Hegel qui, dans ses *Principes de la philosophie du droit* (1821), y voit un frein à l'expression de l'universel, la porte ouverte à l'affaiblissement de la souveraineté et à la dislocation de l'Etat. Le dogme de l'Incarnation répond, tout comme celui du péché originel, au problème du mal : si, comme l'enseigne toute la tradition chrétienne, l'homme a la raison en commun avec Dieu, il n'est plus voué au mal, mais au contraire au bien, ainsi que l'exprime si fortement le mystère de l'Incarnation, le mystère du Dieu fait homme. Aussi n'est-il pas étonnant que ce dogme soit le fondement de toute vraie religion, de toute vraie morale, de toute vraie société et de toute vraie politique. Le dogme de la Rédemption montre que seul le Dieu fait homme peut prendre la place de l'homme coupable pour sauver tous les hommes, il donne à l'homme l'espérance que, par le sacrifice du Christ, il sera sauvé, en même temps que l'humanité tout entière. Ainsi prend-il la suite logique de dogme de l'Incarnation pour faire écho au dogme du péché originel, en tentant de ramener l'ordre social là où le péché originel avait bien anticipé toutes les causes du désordre social. C'est dire que les dogmes de la religion chrétienne, à les aborder de façon objective c'est-à-dire strictement scientifique, vont toujours dans le sens de l'extinction des désordres et des violences, dans le sens de la raison, garante d'une bonne morale, d'une bonne société et d'une bonne politique.

Or ces vues de de Bonald semblent être confirmées aujourd'hui par la « théorie mimétique » de René Girard.

SECTION 2 : DE BONALD CONFIRME PAR LA « THEORIE MIMETIQUE » DE RENE GIRARD ?

Alors que René Girard se réfère souvent à Joseph de Maistre au sujet du sacrifice et de la violence - ce qui est normal compte tenu de la place qu'occupent ces notions dans son œuvre - il ne semble pas avoir invoqué particulièrement de Bonald. Pourtant l'examen des thèses du *Manuscrit* révèle, au fil des pages, de nombreux points d'accord avec Girard.

I – SUR LA METHODE

Il faut relever la profonde parenté de Girard tant avec de Bonald qu'avec de Maistre, puisque tous trois abordent le religieux d'un point de vue strictement anthropologique, renonçant à toute référence théologique. Aussi n'est-il pas étonnant qu'après Joseph de Maistre, de Bonald soit l'inventeur et l'artisan de cette « théorie sociale du religieux » que René Girard développera dans toute son ampleur – G.-H. Radkowski allant jusqu'à dire que Girard avait donné « la première théorie réellement athée du religieux et du sacré » (*Le Monde*, 27 oct. 1972).

II – SUR LES TROIS « COMPLEMENTS »

Rappelant respectivement d'abord l'humilité que requiert la confession, ensuite le primat de l'intérêt général sur l'intérêt personnel, enfin la fonction sociale des trois vœux de pauvreté, de chasteté et d'obéissance, ces trois « compléments » donnent des armes fort efficaces pour lutter contre l'orgueil, l'égoïsme, le goût du pouvoir qui caractérisent trop les hommes. Ces tendances fort répandues, René Girard en rend bien compte par sa « théorie mimétique ». Il les attribue en effet à l'imitation et au désir, à la « rivalité mimétique » qui dresse les hommes les uns contre les autres et qui est à l'origine de la violence. Pour Girard ce qui caractérise l'être humain, encore plus que l'animal, c'est l'imitation et ce qui différencie l'homme de l'animal, c'est le désir. La rencontre de l'imitation et du désir, chez l'être humain, produit un mélange détonnant : je ne désire que ce que l'autre désire, telle est l'origine de la « rivalité mimétique » qui peut transformer les meilleurs amis en pires ennemis (ainsi que le traduit le thème biblique et mythologique des « frères ennemis »), et plonger la société dans un chaos absolu, la « crise mimétique » - à laquelle seul peut mettre fin le sacrifice d'une victime réputée coupable, le « bouc émissaire » : tel est ce que Girard appelle le « mécanisme victimaire ».

III – SUR LE DOGME DU PECHE ORIGINEL

Du dogme fondamental du christianisme, celui du *péché originel*, Girard donne une explication psycho-sociologique qui ne fait que prolonger et préciser l'explication de de Bonald. Il s'agit d'une réponse à l'imperfection de l'homme, une façon de dire que, dès sa naissance, l'homme est soumis à la « rivalité mimétique », c'est-à-dire à la présence des autres, ainsi que l'avait bien compris Sartre : « mon péché originel est de naître dans un monde où il y a l'autre ». La réponse au péché originel réside donc dans les interdits, les obligations, les devoirs qu'impose toute société et que prescrit la religion depuis le Décalogue de Moïse jusqu'au commandement du Christ « aimer son prochain comme soi-même ».

Dans *La violence et le sacré* (Grasset, 1972), Girard a montré que l'interdit comme premier et grand remède à la violence, fut l'instrument par excellence de la religion et du droit : « partout où la violence a flambé, l'interdit s'élève » (p. 321). Les interdits qu'ils touchent à la sexualité comme à la violence, créent une « zone protégée » rendant possible la fonction éducatrice et humanisatrice qui est celle de la religion et du droit, dans la mesure où ils aménagent « un minimum de non-violence absolument indispensable aux fonctions essentielles, à la survie des enfants, à leur éducation culturelle, à tout ce qui fait l'humanité de l'homme » (p. 322-323).

IV – SUR LE DOGME DE L'INCARNATION

Pour Girard, comme pour de Bonald, la réconciliation de l'humain et du divin est réalisée par la révélation chrétienne. Mais, là encore, Girard prolonge et précise de Bonald en expliquant la révélation par le refus d'un Dieu violent, le refus d'un Dieu qui exige le sacrifice d'une victime innocente. La séparation de l'humain et du divin, c'est l'ignorance de cette superstition dans laquelle se trouve l'humanité qui croit encore en la vertu du sacrifice, c'est « l'inachèvement » de l'homme : la Révélation est cette prise de conscience qui parachève l'homme, qui porte jusqu'au bout « le processus d'hominisation » par lequel celui-ci sera véritablement homme (R. Girard, *Achever Clausewitz*, Carnets Nord, 2007, p. 112).

Conformément au dogme de l'Incarnation, le Christ est pleinement homme et pleinement Dieu, il est à la fois le *Fils de Dieu* et le *Fils de l'Homme*. Cette thèse a été parfaitement illustrée par René Girard dans *Des choses cachées depuis la fondation du monde* (Grasset, 1978, « La Divinité du Christ » p. 295-301) : « Jésus est seul à réaliser une perfection de l'humain qui ne fait qu'un avec la divinité ». L'Incarnation est l'expression même de cette unité dans le Christ. En révélant que Dieu est Amour, le Christ a voulu mettre fin à la violence, réaliser pleinement l'humain : « Jésus nous enseigne la vocation véritable de l'humanité qui est d'échapper à cette emprise de la violence ». Le Christ est ainsi « le seul Médiateur, le pont unique entre le Royaume de la Violence et le Royaume de Dieu ». En effet la révélation de la violence ne peut être simplement humaine : « Reconnaître le Christ comme Dieu, c'est reconnaître en lui le seul être capable de transcender cette violence ». Pour échapper à la violence, il n'est qu'un moyen : suivre le modèle du Christ, faire la volonté du Père comme le Christ l'a faite, ainsi « les hommes seront tous des fils de Dieu ».

V – SUR LE DOGME DE LA REDEMPTION

De Bonald situe l'origine lointaine du dogme de la Rédemption dans la « doctrine des expiations » d'après laquelle un innocent peut prendre la place d'un coupable. De Maistre, avec le « dogme de la réversibilité » avait déjà découvert cette idée, en faisant intervenir la notion de sacrifice dont il souligne « la vertu rédemptrice » - ce qui constitue la part de vérité des religions archaïques, comme le dit de Bonald « l'erreur n'est jamais qu'une vérité incomplète ».

Cette idée que de Bonald a certainement empruntée à de Maistre, occupe la plus grande place dans son passage sur la Rédemption. Or Girard, rendant hommage à de Maistre, n'a cessé de l'approfondir en montrant que les religions pré-chrétiennes avaient un sens : « remplacer une possible violence généralisée par une violence moins grande, celle des sacrifices » (R. Girard, *Quand ces choses commenceront*, Arléa, 1994, p. 125).

VI – SUR L'ENSEMBLE DES DOGMES EN GENERAL

Girard rappelle que ce sont ses recherches (littéraires et anthropologiques) qui l'ont ramené au christianisme. C'est également par une démarche qui se veut scientifique et non théologique que de Maistre et de Bonald se sont efforcés de justifier les dogmes du christianisme. Ainsi leur commun point de départ est toujours le social à partir duquel ils retrouvent le religieux. Le fait religieux leur apparaît non seulement comme le cœur du fait social - ainsi que le montrera, dans une perspective athée, Emile Durkheim - mais comme son fondement même. Dans les religions archaïques, ce fondement réside dans le sacrifice d'une victime réputée coupable : il devait appartenir à Joseph de Maistre d'illustrer savamment cette thèse, accompagnée de son complément nécessaire, à savoir que la religion chrétienne est la première à avoir affirmé que la victime de ce sacrifice n'est pas coupable mais innocente - ce qui permet de substituer aux religions sacrificielles, une religion non sacrificielle. Or, si de Bonald ne développe pas ce thème, sur ce point (comme sur bien d'autres), il se réfère explicitement à Joseph de Maistre à la fin de son passage consacré au *dogme de la rédemption* : « Ici se placent les belles idées de Monsieur de Maistre sur le sacrifice » (*Manuscrit*, p. 91, note 1). Et René Girard a été amené à placer ce thème au centre de son œuvre, en conservant la même démarche historique et anthropologique. La différence c'est que Girard éclaire ce thème à la lumière de sa « théorie mimétique ». Selon Girard, le sacrifice de la victime est l'issue de la « crise mimétique », elle-même consécutive à la « rivalité mimétique » qui dresse les hommes les uns contre les autres et engendre donc la violence. La religion, la morale, la politique, le droit sont les moyens de prévenir ou de juguler cette violence par les interdits, les obligations, les prescriptions, les incitations, mais aussi par les encouragements, les espérances. C'est précisément le rôle des grands dogmes chrétiens du péché originel, de l'Incarnation et de la Rédemption - rôle si bien découvert et mis à jour par de Bonald montrant la place cardinale qu'y tiennent les sacrements. Or ces derniers ont pu être considérés comme la forme sacralisée et divinisée de ce que van Genepp a appelé naguère les « rites de passage » - c'est du moins ce qui ressort de l'analyse qu'en avait donnée René Girard. En effet, selon van Gennep (1909), les « rites de passage » (qui accompagnent la naissance, la fin de la puberté, le mariage, le décès) comme la survivance de pratiques archaïques et idolâtres. Girard montre que leur véritable fonction est de contourner et de prévenir la violence qui résulterait de l'indifférenciation et de l'uniformisation, si n'était marqué, par une pratique spécifique et solennelle, le passage d'un âge à un autre, le « changement d'état » (*La violence et le sacré*, chapitre IX « L'unité de tous les mythes », Grasset, 1972). En effet, selon Girard, c'est l'indifférenciation, l'effacement des distinctions qui attise la « rivalité mimétique », provoque la confusion des rôles et la prolifération des doubles « dont le rêve est de s'entrégorger ».

Ainsi c'est une « théorie sociale du religieux » que René Girard développe dans toute son œuvre, comme l'avaient déjà fait, avant lui, de Maistre et de Bonald pour qui les dogmes sont autant des thèses sur l'homme que des thèses sur Dieu – de Bonald précisant dans le *Manuscrit* que les dogmes sont des thèses sur l'homme en tant qu'être social et raisonnable.

En somme, Girard prolonge, précise et éclaire, sans le vouloir, les différents points du *Manuscrit*, à la lumière de sa « théorie mimétique », c'est-à-dire d'une théorie rationnelle du mimétisme, de la violence et de la religion.

Or c'est déjà une théorie rationnelle de la religion que propose de Bonald, en y intégrant d'ailleurs le problème de la violence. Mais, à cette théorie rationnelle de la religion et de la violence - déjà illustrée magistralement par de Maistre - Girard a donné sa plus grande force et sa plus grande extension par son analyse du mimétisme, car c'est elle qui est à l'origine de ce qu'on peut appeler la « révolution girardienne » - révolution qui procède, rappelons-le, non pas de l'avancée de toutes les sciences humaines, psychologiques et sociologiques, mais seulement de la préoccupation première de Girard, la littérature et la critique littéraire, complétées il est vrai par l'enseignement biblique, notamment évangélique.

*
* *

Finalement de Bonald montre que l'enseignement du christianisme vise toujours à rassembler les hommes au sein d'une société de concorde et d'amour. Ainsi il s'agit de « faire taire les passions pour agir conformément à la raison » ou encore, d'un plus haut souci, inviter l'individu à se dépasser lui-même, sur le modèle du Christ, pour accéder à une existence supérieure réalisant les buts ultimes de la raison. Tout le *Manuscrit* de de Bonald est donc centré sur cette dimension du christianisme qui n'est pas toujours véritablement reconnue, bien qu'elle soit essentielle : sa conformité à la raison, notamment dans l'organisation et la direction de la Cité. Il s'agit pourtant de la grande tradition chrétienne, des Pères de l'Eglise à Saint Thomas d'Aquin, et que de Bonald a pu recueillir à travers l'enseignement de Bossuet.

Aussi n'est-il pas étonnant que, pour mettre en lumière cette dimension, de Bonald ait eu recours à une méthode rationnelle, strictement scientifique, centrée sur le social et l'anthropologique - ce qui en fait le véritable précurseur de la sociologie, prédécesseur d'Auguste Comte et défenseur d'un « rationalisme absolu ».

En fin de compte, l'examen de ce petit texte qu'est le *Manuscrit* confirme qu'il faut se garder de jeter trop rapidement l'anathème sur ces traditionalistes contre-révolutionnaires et ultra-royalistes que sont de Bonald ou de Maistre. En l'occurrence, à travers ce texte, comment vouer aux gémonies de Bonald qui apparaît véritablement comme un adepte de l'esprit scientifique, le père de la sociologie (générale, religieuse et politique), le promoteur d'une « théorie sociale du religieux », l'ancêtre de « l'Ecole du service public », le précurseur de la « théologie politique », mais qui sait toujours rester autant raisonnable que rationnel, ainsi que le prouvent son penchant incontestablement altruiste, sa promotion d'une société de concorde, son accent profondément humain, lorsque, à l'instar de Joseph de Maistre, il prend la défense du faible, « de l'enfant, de la femme, de l'esclave, de l'étranger » ?

Chapitre 4

HEGEL,
« LE THOMAS D'AQUIN DU MONDE PROTESTANT »

René Girard s'est toujours opposé vertement à Hegel et à l'hégélianisme. Pourtant la « théorie mimétique » complète et parachève la philosophie hégélienne beaucoup plus qu'elle ne la réfute (notre ouvrage *La théologie politique de René Girard*, L'Harmattan, 2016), ce qui est singulièrement vrai pour la philosophie de la religion de Hegel, notamment en ce qui concerne l'histoire, la liberté ou la raison. C'est du moins ce que nous avons tenté d'établir dans notre ouvrage *De Hegel à Girard* (L'Harmattan, 2015).

La philosophie de la religion de Hegel est bien moins réputée que sa philosophie du droit, surtout en France. S'il est assez connu que la philosophie du droit de Hegel s'achève sur l'apologie de l'Etat, il l'est beaucoup moins que sa philosophie de la religion est l'une des plus grandes apologies du christianisme qui n'ait jamais été faite, depuis Saint Thomas et Pascal, que c'est Hegel - et non pas Chateaubriand - qui a exalté le véritable « génie du christianisme », que, malgré son anti-catholicisme viscéral (qui n'a d'égal que celui de Luther), c'est lui - et non pas Joseph de Maistre - qui a célébré correctement les mérites d'une « Eglise universelle » et que c'est encore lui - et non pas de Bonald - qui, par son œuvre entière, a donné (ou aurait pu donner), après la Bible et les Evangiles, le Livre des temps nouveaux.

En effet, si on parle beaucoup de « l'Hegel de l'Etat », de « l'Hegel du caporalisme prussien », de « l'Hegel de la monarchie administrative » (qui, selon la pertinente remarque d'Eric Weil, ne peut être qualifiée de

« prussienne » que dans la mesure où Hegel s'est toujours opposé à « l'expansionnisme grand'allemand »), de « l'Hegel du fascisme », toutes ces expressions sont fausses, ou du moins, ce sont elles qui n'ont pas grand sens. En revanche, on parle peu de « l'Hegel du christianisme », pourtant, c'est la seule expression qui est rigoureusement vraie.

C'est ce que nous allons essayer de rappeler en examinant d'abord la philosophie de l'histoire de Hegel comme l'histoire de la religion chrétienne et de la liberté (Section 1), puis sa philosophie de la religion comme expression de la raison (Section 2).

SECTION 1 : LA PHILOSOPHIE DE L'HISTOIRE COMME HISTOIRE DE LA RELIGION CHRETIENNE ET DE LA LIBERTE

La philosophie de l'histoire, c'est, inséparable de l'histoire de la religion, l'histoire de la raison et de la liberté : « La tâche de l'Histoire, écrit Hegel, c'est seulement que la religion apparaisse comme raison humaine, que le principe religieux qui réside dans le cœur de l'homme, soit aussi établi comme liberté dans le monde » (*Leçons sur la philosophie de l'histoire*, trad. Gibelin, Vrin, 1937, éd. 1967, p. 258). Cette tâche de l'Histoire, seule la religion chrétienne peut la réaliser véritablement (même si elle est déjà en germe ou entreprise dans toutes les autres religions). En rappelant les grandes étapes de l'histoire du christianisme qui, pour Hegel, est aussi l'histoire de la raison et de la liberté, il pourrait paraître paradoxal de rencontrer sans cesse l'histoire du nihilisme et de l'athéisme - paradoxe seulement apparent puisque, comme l'avait déjà établi Max Weber et comme devait le développer Marcel Gauchet (*Le désenchantement du monde : une histoire politique de la religion*, Gallimard, 1985), le christianisme est « la religion de la sortie de la religion », René Girard allant jusqu'à dire que « l'athéisme au sens moderne du terme, est une invention chrétienne » (*Les origines de la culture*, 2004).

Pour Hegel l'histoire du monde ne peut se concevoir véritablement qu'avec son dernier grand événement : l'avènement du Christ qui est à la fois le commencement et la fin des temps. Elle ne peut se concevoir que, rétrospectivement, jusqu'au Christ et à partir du Christ (« jusqu'ici et à partir de là »). Avant le Christ, l'histoire du monde est déjà l'histoire ou la préhistoire de la liberté. Dans cette histoire, rappelle Karl Lowitz (*De Hegel à Nietzsche*, 1941, trad. franç., Gallimard, 1969), « le commencement est à l'Est et la fin à l'Ouest », le commencement c'est l'Asie, et la fin l'Europe : « l'esprit général du monde est le soleil qui se lève à l'Est pour se coucher à l'Ouest. Dans ce mouvement, l'Esprit fait, en de durs combats, l'apprentissage de la liberté ». Ainsi, l'Orient représente l'*enfance* de l'évolution universelle, la Grèce et Rome son *adolescence* et sa *maturité*, et le monde germanique (qui trouve son expression achevée dans la philosophie de Hegel) sa *vieillesse* (Lowith, *op. cit.*, p. 50-51).

Mais, dans cette histoire, le moment essentiel est donc la venue du Christ : comme l'écrit Albert Chapelle (*Hegel et la religion*, Editions Universitaires, 1964, tome I, p. 37), *Quand le temps fut accompli, Dieu envoya son Fils*. Ce temps fut celui où l'homme comme conscience de soi s'élève jusqu'à Dieu Esprit, celui de la libre et parfaite révélation de Dieu, de son Verbe incarné, le moment, dit Albert Chapelle, de « la manifestation absolue de l'Esprit absolu » car « le principe chrétien est le déploiement effectif de la divine libération de l'Esprit » (p. 37). Ainsi, l'histoire du monde qui est l'histoire de la liberté, « se comprend à partir du christianisme qui la révèle » (p. 63).

Dans la tradition chrétienne remontant à Saint Paul, l'histoire du salut se déroule selon les trois âges du Père, du Fils et du Saint-Esprit. Hegel reprend cette succession, pour lui le règne du Père est celui de la naissance du christianisme (1-), le règne du Fils correspond au Moyen-âge (2-), et celui du Saint-Esprit inauguré par la Réforme, correspond aux Temps Modernes et trouve son aboutissement dans la philosophie de Hegel (3-). Notons que, selon Hegel, les deux premiers âges n'arrivent pas à juguler le règne de la violence qui ne pourra vraiment l'être que dans le troisième âge qui commence avec Réforme.

1 – La naissance du christianisme

La naissance du christianisme a pu être interprétée comme une résurgence du nihilisme dans la mesure où ce dernier, défini comme la négation de tout et d'abord des valeurs établies, se présente comme une série de négations : négation du polythéisme, de la religion gréco-romaine, en partie du judaïsme dont pourtant il procède... Les premiers chrétiens, en refusant la religion établie, ne purent qu'être accusés d'athéisme. Nietzsche lui-même (*Par delà le bien et le mal*, 1886), pour qui le nihilisme est la « dévaluation des valeurs suprêmes », peut considérer le christianisme comme un premier nihilisme puisque, en opposant à la force et au courage, la résignation, à la volonté de vivre le jeûne et l'abstinence, au plaisir la souffrance et la mortification, à la vengeance le pardon, a remplacé les « valeurs de vie » de la tradition antique par les « valeurs de mort » qui lui seraient propres - le christianisme n'étant qu'une religion nihiliste issue du judaïsme et annonçant « le renversement de toutes les valeurs antiques ».

Historiquement, le christianisme prit naissance, comme le rappelle Albert Chapelle (*op. cit.*, p. 30-41), à la rencontre de Rome et d'Israël. *Quand le temps fut accompli, Dieu envoya son fils...* dans le monde romain et chez le peuple juif, deux expressions différentes mais complémentaires de la souffrance humaine.

En ce qui concerne le monde romain, celui-ci, dit A. Chapelle, « est le monde livré à la violence aveugle de l'Etat, l'unique maître, le Caligula fou, que l'homme se donne en deuil de sa propre sagesse et de la liberté de l'Esprit ». L'Empire romain est aussi celui de la domination universelle et des conquêtes sans fin. Cet empire consacre donc la déréliction de l'homme et l'apparition de la « conscience malheureuse ».

Or cet univers et « la souffrance infinie qui en résulte », le peuple israélite devait l'assumer pour devenir, dit Fleischmann (*La philosophie politique de Hegel*, Plon, 1964, p. 371) « l'expression la plus marquante de cette existence *diasporique* de l'homme et l'incarnation de ses souffrances ». Car Dieu envoya également son Fils dans le peuple juif, qu'Il s'était réservé de toute éternité pour être le « peuple élu », le peuple chargé de tous les péchés du monde, « l'antique angoisse du monde » (*ibid.*). C'est en effet dans ce contexte, « où la vive souffrance de Rome s'approfondissait vertigineusement de l'immense angoisse d'Israël » (A. Chapelle, p. 40) que Dieu envoya son Fils pour réconcilier la divinité et l'humanité

A cet égard, monde romain et peuple juif sont deux expressions de la souffrance et du mal, donc du nihilisme, mais auquel le christianisme devait mettre un terme. C'est en effet dans ce contexte que Dieu envoya son Fils pour réconcilier la divinité et l'humanité. Mais c'est dans la mort seulement du Christ, que Dieu se révèle Esprit, qu'il devient la conscience spirituelle de l'humanité. Cette « infinie douleur » consécutive à la « mort de Dieu », seul le Christ ressuscité pouvait la transmuer dans l'idée suprême, la liberté absolue. « Le christianisme, écrit Fleischmann, qui le premier a osé dire que Dieu est mort pour ressusciter dans la conscience de chaque individu croyant, est le précurseur le plus important de la reconnaissance de la liberté et de la valeur infinie de la personne humaine individuelle. Ce principe est devenu le fondement de la vie sociale des peuples européens » (*ibid.*).

L'identité spirituelle de la communauté des croyants avec Dieu devait trouver sa traduction historique dans une Eglise. C'est alors qu'au « règne spirituel » se substitue le « règne ecclésiastique » car, se faisant séculière, l'Eglise ne put réaliser temporellement « le principe fondamental de la religion », la liberté (A. Chapelle, p. 43-44).

2 – Le Moyen-âge

Après l'avènement du christianisme, sa traduction historique dans une Eglise ne devait pas davantage exclure la violence. Car l'Eglise, détachée de l'Etat, reconnaissant un tout autre absolu que celui de l'empereur, « fut l'objet de persécution et de haine » (A. Chapelle, p. 41). Le christianisme ne put s'installer que dans la souffrance. Il ne put non plus se réaliser véritablement à Byzance dont le nom, devenu synonyme de raffinement des plaisirs et de discussions oiseuses, cache mal une incoercible violence. L'empire chrétien de Byzance ne présenta qu'« une suite millénaire de crimes, de faiblesses, d'infamies, de veulerie continue, le spectacle le plus affreux et le moins intéressant ». Cet « édifice caduc » ne fit que « démontrer à quel point la religion chrétienne peut être abstraite et faible, précisément parce qu'elle est en soi si pure et si spirituelle » (p. 32). Le salut ne pouvait donc venir du nihilisme byzantin ; il vint d'un tout autre nihilisme, celui des Barbares du Nord réputés détruire les civilisations. « Le monde nouveau que prêchait l'Eglise serait donc édifié par une race nouvelle, par les barbares du Nord » (p. 41-42). « (Les Francs) fondèrent l'empire carolingien, où le Christianisme, après avoir absorbé l'Empire romain, pour la première fois se donna une formation politique issue de lui » (p. 34). Cette formation politique fut l'empire de Charlemagne ; « protecteur du pape qui le couronne empereur de Rome, ce Franc vainqueur de la barbarie franque, illustre exemplairement la fusion et la confusion des mondes romain et barbare, du neuf et de l'ancien, du spirituel et du temporel. Il annonce toutes les fermentations et aussi tous les épanouissements de l'histoire européenne » (p. 42).

Mais l'Empire de Charlemagne devait se heurter au « principe nouveau des libertés germaniques ». Le Moyen-âge est né de cet affrontement. Hegel relève « la réaction des peuples particuliers contre la domination dite universelle de ce *Saint Empire Romain de la Nation Germanique…* d'où la ruine, le partage de cet empire, mais aussi… l'effondrement de la souveraineté, l'émiettement féodal » (p. 44). Cette contradiction, l'Eglise fut impuissante à la résoudre, elle fut incapable de réaliser le principe chrétien de la « libération rédemptrice » par la « médiation de l'homme et de Dieu » qui s'appelle Christ (p. 45). Alors « la corruption de l'Eglise livrée à ce monde et à la violence de ses princes était fatale… La foi cessa de régner et s'identifia à son contraire dans la plus grossière extériorité… » (p. 45).

Dans ces conditions, l'Eglise ne put que sombrer dans la corruption. Le croyant est dépossédé de lui-même, l'Eglise divisée entre clergé et laïcat. Le laïc ne peut plus s'adresser directement à Christ et à Dieu. La religion devient apparat et extériorité. L'éthique concrète est rejetée par les trois vœux de chasteté, de pauvreté et d'obéissance s'opposant respectivement au mariage, à la propriété privée et à la liberté individuelle. Ces trois vœux ne sont que l'expression du rejet d'un monde considéré comme mauvais, une survivance du gnosticisme ; la vie monacale s'affiche comme un idéal, la recherche d'une pureté qui concorde fortement avec le manichéisme.

Mais, à la fin du Moyen-âge, le « principe de l'infinie liberté subjective » de l'homme commence à s'affirmer, l'autorité de l'Eglise s'affaiblit, le régime féodal fait place aux Etats monarchiques : « le ciel spirituel a commencé de s'éclaircir pour l'humanité » (A. Chapelle, p. 50).

3 – La Réforme et le temps de Hegel

Si la Réforme consacre le « principe de subjectivité » (a), le temps de Hegel en constitue le dépassement (b).

a – *La Réforme*

Le « monde de l'Esprit » qui caractérise la Réforme, est celui de la sacralisation du monde, mais aussi par le fait même, celui d'une certaine sécularisation du divin. Déjà l'hérésie gnostique, par son culte de la connaissance, par sa dénonciation du mal, avait pu être considérée comme une première forme de sécularisation. Celle de la Réforme est plus radicale dans la mesure où l'Esprit, c'est « le Dieu de la Pentecôte », « la conscience spirituelle de l'humanité ». L'Esprit Saint ne renvoie-t-il pas à l'immanence, à la communauté des hommes ?

Cette révolution, il devait appartenir à Luther de l'accomplir en affirmant que le salut de l'homme devait se faire en lui-même, dans l'intime de son cœur, par sa vocation propre à la liberté : telle fut l'action libératrice de la Réforme contre l'autorité de l'Eglise, contre tout apparat, toute hiérarchie, toute extériorité. C'est alors seulement que l'Esprit put s'incarner dans le monde, dans la morale, la société, la famille, la vie politique. Le mariage, la propriété privée, la liberté individuelle deviennent les trois piliers de la moralité concrète. C'est le refus des trois vœux de chasteté, de pauvreté et d'obéissance, le refus de la vie monacale, et la volonté d'incarner désormais la morale dans le monde. A cet égard c'est bien la Réforme qui accomplit véritablement le christianisme par la réconciliation du spirituel et du temporel, de l'Eglise et du monde : telle est la profondeur chrétienne de la libération spirituelle de la Réforme (A. Chapelle, p. 55).

C'est donc seulement avec la Réforme que l'homme a été véritablement réconcilié avec Dieu, avec le monde, et avec lui-même : il s'agit d'une nouvelle naissance de l'homme, d'une rénovation de la créature qui accède à la « liberté de l'Esprit » et peut y trouver sa véritable sanctification. La Réforme inaugure bien le « règne de l'Esprit », le règne de la rénovation de la créature, de la sanctification et de la réalisation de la liberté : « C'est la *fin de l'histoire* » (A. Chapelle, p. 35). Mais aussi la Réforme, en identifiant Dieu à l'Esprit, consacre non seulement la plus grande sanctification du monde mais également sa plus grande sécularisation, et c'est ici que réapparaît, après la gnose, le risque et la tentation de l'athéisme dans l'affirmation même de la croyance en Dieu. Cependant cette « fin de l'histoire » ne sera effective que dans les Temps Modernes, avec la philosophie de Hegel.

b – *Le temps de Hegel*

Après la Réforme, pour parvenir à son plein épanouissement, l'histoire de la liberté est passée par les Lumières et la Révolution française : le « progrès dans la conscience de la liberté » qui est le principe de la philosophie de l'Histoire, fut inauguré par la Réforme, approfondi par les Lumières avant de trouver son achèvement dans la Révolution française. Mais « la Révolution tout comme la philosophie des Lumières n'a inscrit dans l'histoire que le moment formel de la liberté et de la pensée » : ni l'une ni l'autre n'ont réconcilié le droit avec le contenu de la religion chrétienne. Cette réconciliation était impensable en France car « avec la religion catholique, aucune constitution rationnelle et morale n'est possible » ; elle ne put se réaliser que « grâce à l'harmonieuse rationalité constitutionnelle de la monarchie prussienne » et surtout par « l'acte libérateur de la pensée spéculative » (A. Chapelle, p. 60). C'est seulement à ce moment qu'apparut la « pure volonté libre », que l'homme put se dresser, pour la première fois, « sur sa tête », et que l'histoire du monde put s'identifier à la philosophie de l'histoire.

Ce n'est donc vraiment qu'avec Hegel que la conscience put atteindre son plus haut stade pour réaliser le principe chrétien de la liberté absolue, grâce à la pensée spéculative. Le dualisme du sacré et du profane que la Réforme avait déjà rejeté par le retour à l'unité spirituelle dans le cœur de chaque homme, la philosophie de Hegel devait le vaincre par la pensée pure et libre : le monde de Hegel achève la Réforme, ce n'est qu'avec cette *réforme de la réforme* que la « fin de l'histoire » devient effective comme expression de la raison (A. Chapelle, p. 61).

SECTION 2 : LA PHILOSOPHIE DE LA RELIGION COMME EXPRESSION DE LA RAISON

Après avoir rappelé, avec Karl Barth, que la philosophie de la religion de Hegel est avant tout une apologétique chrétienne (A), nous pourrons montrer que le savoir absolu peut rendre compte du mystère de l'Incarnation (B).

A – LA PHILOSOPHIE DE LA RELIGION COMME APOLOGETIQUE CHRETIENNE

C'est la raison qui commande la réconciliation de la religion et de la philosophie (1-), mais cette réconciliation n'est possible qu'avec la religion chrétienne (2-).

1 – La réconciliation par la raison

Hegel a réconcilié la religion et la philosophie comme l'avait déjà fait Saint Thomas au XIIIe siècle. Cependant la réconciliation de Saint Thomas, faite sous le patronage d'Aristote, devait être assez éphémère : depuis la Renaissance (et même bien avant), l'essor des sciences n'avait cessé de creuser un fossé de plus en plus profond entre la religion et la philosophie, entre la foi et le savoir - fossé qui, avec les Lumières, devait se transformer en un véritable abîme. A la fin du siècle des Lumières, plus personne - si ce n'est Hegel - n'aurait osé tenter une nouvelle conciliation entre religion et philosophie.

Cette place et ce rôle privilégiés de Hegel qui, dans cette voie, n'eut pas de prédécesseurs et n'aura pas de successeurs (sauf peut-être Girard… !), donc cette incommensurable solitude de Hegel, c'est Karl Barth (*Hegel*, Cahiers théologiques) qui l'a mise en lumière dans les pages qu'il consacra à Hegel en 1953 en se demandant : « Pourquoi Hegel n'est-il pas devenu pour le monde protestant ce que Thomas d'Aquin est devenu pour le monde catholique ? » (p. 8).

Selon Karl Barth, c'est précisément ce projet qui distingue la philosophie de la religion de Hegel des deux grands mouvements opposés qui se partagent alors la scène intellectuelle : le romantisme croyant qui aboutit au fidéisme de Jacobi ou de Kierkegaard et la philosophie des Lumières incroyante qui aboutit à l'agnosticisme kantien. L'affirmation d'une raison humaine universelle en effet s'oppose tant à la justification de Dieu opérée par la « métaphysique du sentiment » de Schleiermacher et par tout autre « synthèse romantique » (ibid.) qu'aux Lumières qui ont voulu « chercher querelle à Dieu » au nom de la raison individuelle, oubliant que celle-ci est d'abord la raison divine (p. 20) - deux façons opposées mais également coupables de se séparer de la raison universelle en lui déniant toute prise sur le divin, la façon romantique l'excluant au profit du sentiment, la façon des Lumières, plus coupable encore, la réduisant à une raison humaine dressée contre Dieu à qui pourtant elle doit tout, oubliant que « la raison est le lieu de l'esprit où Dieu se révèle à l'homme » (p. 42). Finalement ces deux courants opposés arrivent à la même conclusion : l'impossibilité de connaître Dieu. Cette conclusion est même celle de certains théologiens que Karl Barth qualifie de « pusillanimes ».

Or, selon Hegel, « c'est là le résultat d'une conception généralement érigée en axiome selon laquelle on ne peut connaître Dieu. Si c'est la théologie elle-même qui en est venue à renoncer ainsi à tout espoir, il faut se réfugier dans la philosophie, si on veut connaître Dieu… On en est arrivé de nos jours à une situation où la philosophie doit défendre l'élément religieux contre une certaine forme de théologie » (p. 61).

Cette affirmation, Karl Barth l'a pertinemment commentée : chez Hegel, « la théologie est mise en relief mieux que chez les théologiens (sauf peut-être Saint Thomas) parce qu'ici la théologie, prise en charge par la philosophie, n'est pas dépassée mais s'est dépassée elle-même » (p. 21)… « Dans sa philosophie, la théologie paraissait mieux à son aise que dans sa propre demeure » (p. 38). Il s'agit précisément ici de la destination de la religion chrétienne.

2 – La réconciliation par la religion chrétienne

Depuis ses écrits de jeunesse jusqu'à ses conférences sur la « Philosophie de la religion » en passant par *Foi et science* de 1802, Hegel n'a cessé de rappeler que philosophie et religion sont une seule et même chose. Mais c'est dans ses *Leçons sur la Philosophie de la religion* (1832, tome I, *Notion de la religion*, trad. Gibelin, Vrin, 1959) que se trouve le célèbre passage dans lequel il précise l'identité postulée de la religion et de la philosophie qui ont toujours pour seul et même objet la vérité : « L'objet de la religion, comme celui de la philosophie, est la vérité éternelle dans son objectivité même, Dieu et rien que Dieu et l'explication de Dieu. La philosophie s'explique elle-même en expliquant la religion, et en s'expliquant, elle explique la religion » (p. 29). Si, comme le commente Löwith (*De Hegel à Nietzsche*), pour servir Dieu, philosophie et religion empruntent des *voies propres différentes*, ce sont seulement ces voies « qui incitent à croire que religion et philosophie diffèrent dans leur essence ». En réalité, « la différence entre religion et philosophie ne concerne pas leur *contenu*, identique pour l'un et l'autre, mais leur *forme* qui diffère de l'une à l'autre ». La forme philosophique est la seule par laquelle le contenu peut vraiment être conçu et formulé, la seule qui puisse donner à la religion son contenu spirituel, la seule par laquelle Dieu puisse être connu et réalisé. Il s'agit donc de dépasser la forme religieuse originaire du sentiment et de la représentation par la forme philosophique appliquée à la religion : comme l'écrit Karl Löwith, « Le résultat de ce dépassement philosophique de la religion est la philosophie hégélienne de la religion » (p. 392-393).

En effet la religion a, d'emblée, adopté la forme du sentiment subjectif et de la représentation sensible. Dans *La raison dans l'histoire* (trad. franç. Plon, 1965) Hegel écrit que cette forme est la pire que puisse prendre un contenu car elle aboutit au point de vue de la subjectivité particulière de chacun, de l'arbitraire et de la fantaisie : même si cette forme apparaît comme première et originaire, l'homme la partage avec le règne animal auquel elle renvoie immédiatement : « Le sentiment est la plus inférieure des formes dans lesquelles puisse se révéler un contenu quelconque ». La forme philosophique, au contraire, est la seule par laquelle le contenu peut vraiment être conçu et formulé, la seule qui puisse donner à la religion son contenu spirituel, la seule par laquelle Dieu puisse être connu et réalisé. Il s'agit donc de dépasser la forme religieuse originaire du sentiment et de la représentation par la forme philosophique appliquée à la religion. C'est en ce sens que la philosophie tout entière est service religieux, « service spirituel », « service rendu à Dieu ».

Or la connaissance de Dieu, seule la religion chrétienne la rend possible, ainsi que le rappelle Karl Barth (*op. cit.*, p. 65) : « La religion chrétienne est celle qui a rendu manifeste aux hommes la nature et l'essence de Dieu... En tant que chrétiens, nous savons ce que Dieu est : Dieu n'est plus un inconnu. Si nous continuons à dire qu'il est inconnu, nous ne sommes pas chrétiens ». Avec le christianisme, le temps est venu où la religion ne peut plus rester au niveau du sentiment et de la représentation, mais doit « devenir une connaissance, une science déterminée ». Seul le christianisme permet le passage de la représentation à la « pensée pure et libre », lui seul, en réconciliant religion et philosophie, nous donne une connaissance rationnelle de Dieu : le christianisme est la religion manifeste, accomplie, révélée par Dieu, comme le rappelle l'*Encyclopédie* qui qualifie de « religieuse » la sphère entière de l'Esprit absolu, et qui aurait pu la qualifier tout aussi plus légitimement de « chrétienne ». Hegel retrouve ainsi l'affirmation traditionnelle de la théologie chrétienne : la parole humaine peut être parole de Dieu. La philosophie n'est donc pas un dépassement du Christianisme, elle n'en est pas un au-delà puisqu'elle en est l'achèvement et l'accomplissement. Pas davantage la philosophie ne consacre « une religion sans au-delà » selon l'expression d'Albert Chapelle, puisque la religion est « représentation absolue de l'Absolu » et que cet Absolu, seule la philosophie, en la révélant conceptuellement, peut la révéler véritablement (A. Chapelle, *op. cit.*, p. 109). En effet « Le Christianisme rend possible un discours fini absolu. C'est même en tant qu'il suscite ce logos, qu'il se révèle absolu pour ce qu'il est : Révélation de l'Esprit, logos absolu de l'Absolu ». « Or ce logos absolu du fini, c'est finalement pour Hegel, la philosophie spéculative » qui débouche sur « le Discours absolu » : « Le Christianisme est la religion absolue, dès lors que le discours absolu de la philosophie le justifie absolument » (p. 162).

Seule la religion chrétienne a découvert la véritable vocation de la religion. Ainsi que le rappelle Albert Chapelle (*op. cit.*, p. 138), le christianisme, la seule religion parfaite, vraie, révélée par Dieu, peut

« s'identifier à l'idée de religion », elle seule permet de « dégager le concept de religion » : avec elle, « la religion révélée révèle la religion » (p. 143) - c'est pourquoi elle est la vérité de toute religion, la seule religion capable de s'élever jusqu'au « concept même de religion ».

La religion chrétienne est la seule qui nous donne une connaissance rationnelle de Dieu ainsi que des dogmes et des mystères de la religion. Car toutes les autres religions se rapprochent du christianisme en raison des facteurs de rationalité et d'amour qu'elles comportent. « Ainsi, dans toutes les formes religieuses de l'humanité, la conscience chrétienne peut-elle, à sa propre lumière, retrouver, défiguré, son propre bien » (A. Chapelle, p. 145), c'est-à-dire sa part de rationalité et d'amour. Autrement dit, « toute religion est fausse qui n'est pas chrétienne » (p. 148), ou plutôt, toutes les religions sont vraies dans la mesure où elles annoncent, préfigurent ou préparent la religion chrétienne : elles en constituent le terreau, le point de départ et la genèse, même si elles sont rectifiées, réformées, réélaborées, parfois complètement renversées par la religion chrétienne : les rapports entre les religions non chrétiennes et la religion chrétienne sont un peu les mêmes que les rapports entre la connaissance non scientifique dite « vulgaire » et la connaissance scientifique. Aussi n'est-il pas étonnant que l'histoire des religions non chrétiennes soit la préhistoire de la religion chrétienne, et que l'histoire des religions en général ne soit finalement que l'histoire du christianisme.

Cette apologie de la religion chrétienne est confirmée par la confiance qu'elle ne manque pas d'inspirer à chaque individu croyant, s'il est vrai que la confiance est l'alliance de la foi et de la raison. C'est pourquoi Karl Barth considère la philosophie de Hegel comme la « philosophie de la confiance en soi » - confiance qu'après Novalis et Schelling, Hegel place dans « la raison humaine universelle » (K. Barth, p. 16). Contre les Lumières, Hegel peut affirmer que « la confiance en soi, c'est la confiance en Dieu » (p. 21). Or cette « confiance en Dieu » qui permet d'avoir prise sur les mystères de la religion par la « raison humaine universelle », seul le christianisme peut la réaliser. Est ainsi confirmée l'identité de l'Esprit et de Dieu, de la raison humaine et de la raison divine - identité que le christianisme a pu consacrer en opérant l'unité de l'humain et du divin réalisée par l'incarnation du Christ.

B – INCARNATION ET SAVOIR ABSOLU

Le dépassement de la foi par la raison « n'est point une hérésie gnostique » selon l'expression d'Albert Chapelle, c'est la doctrine chrétienne de Saint Augustin, Saint Anselme et Saint Thomas dont la *doctrine sacrée* pose explicitement le problème de « la théologie comme *science* » (p. 167) : « Cette question thomiste du statut scientifique de la théologie se retrouve dans le problème posé par Hegel au début de l'*Encyclopédie* ». Pour Thomas, la science du théologien « se suspend à la science de Dieu... Dans la *Somme théologique*, cette théorie thomiste de la *subalternatio* de la théologie au savoir absolu de Dieu et des bienheureux constitue le pivot sur lequel est bâtie... la structure de la théologie comme science » (p. 167) : la doctrine sacrée procède de la « science de Dieu », comme certaines sciences procèdent d'une science supérieure à qui elles empruntent leurs principes, comme la perspective les emprunte à la géométrie, et la musique à l'arithmétique. « Dès lors, la subordination, *subalternatio*, par quoi la théologie s'assure comme science est ce par quoi elle est *mystique*... Pour Hegel en effet la science, la *Wissenschaft*, est le savoir où la conscience surmonte son extériorité dans l'élément *spéculatif*, c'est-à-dire mystique de la théologie » (p. 168).

Il s'agit de l'équivalence postulée par Hegel, à la suite de Maître Eckhart, entre le « mystique » et le « spéculatif », entre « l'étincelle de l'âme » et la raison (*Vernunft*). Il en allait déjà de même chez Saint Thomas pour qui « théologie spéculative » et « théologie contemplative » sont une seule et même chose. Pour Hegel aussi « la théologie est impression de la science divine » (p. 171) ; pour tous, le problème reste le même : « comment la parole humaine devient-elle la parole de Dieu ? ». A l'instar de la théologie, la philosophie est tout entière « discours sur Dieu », « discours humain sur Dieu » : « Le Christianisme rend possible un discours fini absolu » qui est Révélation de l'Esprit (A. Chapelle, p. 162). Or ce discours absolu n'est autre que la philosophie spéculative, car celle-ci a prise sur le mystère de l'Incarnation.

Cette unité de l'humain et du divin, réalisée par le Christ, est celle de l'Esprit absolu que seule la pensée spéculative peut recueillir et exposer en levant oppositions et contradictions. Seule la pensée spéculative, et plus précisément, la pensée dialectique, peut rendre compte du mystère de l'Incarnation. En effet, comme l'a fortement souligné Jürgen Moltmann (*Le Dieu crucifié*, trad. franç. Editions du Cerf, 1974, p. 232), le mystère de l'Incarnation est inséparable de celui de la Croix : « Qui dit Incarnation dit déjà Croix » remarquait Urs von Balthasar. « *Ecce homo !* Voici l'homme !... c'est une confession de foi, qui reconnaît l'humanité de Dieu dans le Christ *déshumanisé* en croix. La confession dit donc en même temps : *Ecce Deus !* Voici Dieu en croix ». A cet égard Moltmann rappelle que c'est Hegel qui « a défini la croix par ces mots : *Dieu est mort* » (p. 46) et qu'ainsi il a certainement donné la meilleure interprétation de la célèbre formule. Dans *La philosophie de la religion*, Hegel écrit « la mort du Christ est la mort de cette mort même, la négation de la négation », et il ajoute : « *Dieu lui-même est mort*, dit-on dans le cantique luthérien ; on exprime ainsi la conscience que l'humain, le fini, le caduc, la faiblesse, le négatif sont eux-mêmes un élément divin, que cela est en Dieu lui-même » (cité par Moltmann, p. 293-294) : « Jésus a, dans sa passion, porté jusqu'au bout la contradiction entre vie et mort, identité et différence et a produit ainsi la réconciliation » (p. 293). Dans *Le Dieu crucifié*, Moltmann n'a fait qu'expliciter lumineusement cette « théologie de la croix » qui repose ainsi tout entière sur un principe dialectique, et que, depuis Luther, on oppose à la « théologie de la gloire » : « Dieu n'est révélé comme Dieu que dans son contraire, dans l'absence de Dieu et l'abandon de Dieu... dans la croix du Christ abandonné de Dieu... Le principe de la connaissance découlant de la théologie de la croix ne peut être qu'un principe dialectique : la divinité de Dieu se révèle dans le paradoxe de la croix » (p. 37) et donne tout son sens au « Vendredi-Saint spéculatif », au « Golgotha de l'Esprit » dont parle Hegel.

*
* *

Ainsi, pour Hegel, l'histoire du monde est l'histoire de la raison et de la liberté, et le Christianisme lui-même, l'achèvement de cette histoire. Avec les romantiques, Novalis et Schlegel, Hegel considère le christianisme comme « la religion même », notamment avec Goethe célébrant la religion chrétienne comme la « dernière religion », (Jürgen Moltman, *Le Dieu crucifié*, précité, p. 42), « l'aboutissement suprême auquel l'homme pouvait et devait parvenir » (*Les années de voyage de Wilhelm Meister*) ? C'est pourquoi au début du XIXe siècle, la philosophie de Hegel représente, après la *Somme théologique* de Saint Thomas d'Aquin, la plus grande tentative de compréhension rationnelle de l'homme et de sa place dans le monde. Avec la révélation chrétienne telle que l'a comprise Hegel, « la clé de l'histoire universelle nous a été donnée », une clé, poursuit Karl Barth, « qui permet d'ouvrir toutes les serrures, un levier qui met en mouvement tous les rouages, une tour d'observation du haut de laquelle on peut voir d'un seul coup d'œil non seulement tous les pays de la terre, mais aussi ceux du troisième et du septième ciel » (*op. cit.*, p. 34). Et, dans son étude (qui remonte à 1953), Karl Barth ajoute : « Une fois encore, nous nous trouvons en face de cette énigme : pourquoi l'homme moderne n'a-t-il pas saisi une fois pour toutes cette clef que lui offrait Hegel avec sa méthode... Comment a-t-on pu l'abandonner, avant d'en avoir trouvé une autre qui... promît et réalisât tout au moins les mêmes choses, fût aussi universelle, aussi supérieure et fructueuse, aussi aisément applicable que l'était celle-là ? » (p. 34-35). Comment l'homme moderne a-t-il pu ne pas se reconnaître dans le « miroir » que lui tendait Hegel (p. 45).

Chapitre 5

DE HEGEL A ERNST BLOCH : ATHEISME ET CHRISTIANISME

C'est René Girard qui a vraiment « mis les pieds dans le plat » en déclarant sans ambages ce que certains avaient pressenti depuis longtemps, à savoir que « l'athéisme, dans sa forme moderne, est un produit du christianisme » (*Les origines de la culture*). Or c'est précisément cette thèse qu'illustre l'historique des rapports de l'athéisme et du christianisme, de Hegel à Ernst Bloch.

Dans le climat athée et anti-chrétien de la réception de Hegel en France, il n'est pas étonnant que son affirmation selon laquelle « l'Etat est l'incarnation de Dieu sur la Terre » ait été prise, le plus souvent, comme une image, une métaphore, alors qu'il découle de toute sa philosophie de la religion qu'il ne s'agit pas là d'une métaphore, mais bien de la réalité vraie et effective. Ce à quoi certains rétorquent que le Dieu de Hegel se confondant avec l'Histoire, sa philosophie de la religion est aussi athée que sa philosophie du droit, peut-être même plus encore, son seul et unique objet n'étant alors que Dieu lui-même. C'est donc, à partir du christianisme, le problème de l'athéisme que pose la philosophie de la religion de Hegel. En effet, si le « règne de l'Esprit » trouve son aboutissement dans le « savoir absolu » de Hegel, celui-ci n'est-il pas la véritable et la plus haute manifestation de cette « connaissance salvifique » qui est la première grande affirmation de la gnose ? La philosophie de Hegel n'est-elle pas, elle aussi, qu'une nouvelle résurgence du gnosticisme ?

En outre, si le gnosticisme s'est présenté comme une première forme de sécularisation du divin par son appel à la connaissance et notamment à la philosophie grecque, si la Réforme elle-même reste liée à la sécularisation par la

« Pentecôte » de l'Esprit Saint sur les hommes, la philosophie de Hegel ne retrouve-t-elle pas la grande inspiration des Lumières (avec l'annonce de tous ses avatars modernes) voulant finalement expulser la foi par le savoir ? La philosophie de Hegel n'apparaît-elle pas comme la forme achevée de toute sécularisation, et, partant, comme un congé définitif donné, sans le dire, à toute idée de transcendance et de religion ? Sa philosophie de la religion consacre-t-elle « l'athéisme dans le christianisme » (Section 1) suivant le titre du grand ouvrage d'Ernst Bloch, ou n'illustrerait-elle pas plutôt « le christianisme dans l'athéisme » (Section 2) ?

SECTION 1 : **L'ATHEISME DANS LE CHRISTIANISME**

L'ouvrage d'Ernst Bloch traite plus exactement de l'athéisme dans le judéo-christianisme. C'est pourquoi nous commencerons par illustrer ce problème avec quelques grands auteurs qui l'ont abordé plus ou moins directement (A). Nous en viendrons ensuite à Ernst Bloch dont la partie la plus pertinente de l'ouvrage nous semble être – ce qui ne serait certainement pas un hasard – celle où il aborde l'athéisme dans le judaïsme (B).

A – L'ATHEISME DANS LE JUDEO-CHRISTIANISME

Que la philosophie de la religion de Hegel évacue subrepticement l'idée de religion fut la position de Kierkegaard qui, tout à l'opposé de Hegel, rejette toute parenté entre Christianisme et philosophie : « Philosophie et Christianisme ne se laisseront jamais réunir » dit une note du *Journal* de Kierkegaard (Lowitz, *De Hegel à Nietzsche*, p. 70) puis qui, en visant la spéculation hégélienne (la « spéculation moderne »), dénonce en elle le « tour de force » par lequel, en voulant aller « si loin dans la compréhension du christianisme, qu'elle en est à peu près revenue au paganisme » (*ibid.*, p. 424). Dans la voie ouverte par Kierkegaard, les objections à Hegel n'ont pas manqué de fuser de toutes parts (J.-Cl. Monod, *La querelle de la sécularisation de Hegel à Blumenberg*, Vrin, 2012). Les célèbres protagonistes de ces objections ne sont autres que Feuerbach (1-), Marx (2-), Nietzsche (3-) et Heidegger (4-), auxquels on peut joindre Kojève et Hyppolite (5-).

1 – Feuerbach

Curieusement, une position guère éloignée de Kierkegaard, est celle de Feuerbach (*L'essence du christianisme*, 1841) pour qui la philosophie de la religion de Hegel n'a fait que réaliser le projet du jeune Hegel de « récupérer sur terre les trésors gaspillés au ciel ». Puisque, chez Hegel, la plus haute sécularisation du divin s'accompagne toujours de la plus haute sacralisation du monde, il suffit à Feuerbach de conserver ce thème, de le mettre en pleine lumière, en supprimant toute référence à l'au-delà qui, chez Hegel, n'aurait pas d'autre valeur que celle d'une pure fiction ou d'une sorte de clause de style. Ainsi, à la théologie, Feuerbach entend substituer une pure anthropologie que la théologie indiquait d'ailleurs en filigrane puisqu'elle n'en était que la sublimation. Il suffit donc de purifier, de purger la théologie de ses illusions pour retrouver la véritable anthropologie. Le développement de « l'Esprit objectif » chez Hegel avec les rapports moraux, juridiques, familiaux, sociaux, professionnels qui aboutissent à l'Etat, le « divin terrestre », sont eux-mêmes sacrés et authentiquement religieux : ils ne requièrent nullement le postulat de Dieu et de la transcendance ; l'amour de l'homme pour l'homme qui est le fondement de la politique doit devenir la seule vraie religion (« L'homme est un Dieu pour l'homme » *homo homini deus*). Car si la Réforme était sur la bonne voie par la sacralisation du monde, elle n'est pas allée assez loin dans la sécularisation du divin : il s'agit donc seulement de la prolonger sur ce point. La réforme politique doit donc dépasser et réformer la Réforme religieuse : telle est la seule vraie « réforme de la Réforme ». Ainsi, chez Feuerbach, la sacralisation du monde s'accompagne nécessairement de la négation de l'au-delà, pour reconnaître en l'homme seul un véritable « Dieu sur la terre ». Bref, pour Feuerbach, *L'essence du christianisme*, c'est l'humanisme athée.

2 – Marx

Karl Marx (*Thèses sur Feuerbach*, 1845-1846), malgré l'enthousiasme qu'il partage avec Engels pour *L'essence du christianisme*, considère la position de Feuerbach (« pieux athée » selon Stirner) comme beaucoup trop idéaliste puisqu'elle conserve tout le contenu de la pensée chrétienne, ne faisant que déplacer le problème, du ciel sur la terre. Car cette sacralisation du monde décrite par Feuerbach en termes trop élogieux, ne fait que cacher la véritable aliénation humaine qui est d'ordre économique : cette sacralisation n'est pas au service de l'homme, mais uniquement au service de la classe dominante. Feuerbach conserve toutes les valeurs du christianisme, alors que, pour Marx, ces valeurs ne sont pas des « valeurs d'usage » mais seulement des « valeurs d'échange » : avec la « mort de Dieu », les valeurs suprêmes se dégradent en « valeurs d'échange » pour laisser libre cours à leur déferlement infernal : c'est le monde de la « marchandise » et de la « réification », la victoire du nihilisme qui, selon Gianni

Vattimo (*op. cit.*, p. 29), n'est que la réduction des valeurs d'usage aux valeurs d'échange - ce « mouvement de généralisation de la valeur d'échange » conduisant à une « prostitution généralisée », à une désaffection pour l'humain. Ainsi il ne faut pas faire de la négation de l'au-delà la condition de la sacralisation du monde, mais bien plutôt celle de sa désacralisation.

Cette opposition entre Marx et Feuerbach donne une bonne illustration de la distinction faite par Nietzsche (*La volonté de puissance*, 1901) et rappelée par Heidegger (*Le mot de Nietzsche « Dieu est mort »*, in *Chemins qui ne mènent nulle part*, 1950, trad. franç., Gallimard, 1962) entre « nihilisme incomplet » et « nihilisme accompli ». Si, pour Nietzsche, le nihilisme est d'abord la « dévaluation des valeurs suprêmes », la négation du *monde supra-sensible* de Platon, bref la « mort de Dieu », le « nihilisme incomplet » serait celui de Feuerbach qui ne fait que transposer le *monde supra-sensible* dans le *monde sensible* mais pour en garder toutes les valeurs. Au contraire, le « nihilisme accompli » serait celui de Marx qui, non seulement supprime le *monde supra-sensible*, mais en plus dévalorise complètement le *monde sensible* comme siège de l'aliénation de l'homme. Cependant chez Marx, le « sens de l'histoire » doit conduire à une transformation du monde qui, finalement, substituera les valeurs d'usage aux valeurs d'échange pour rendre au monde sensible toute sa dignité. En ce sens, on pourrait dire que, pour Marx, et contrairement à sa « profession de foi » athée, « Dieu n'est pas mort », pas plus qu'il ne l'était pour Feuerbach (puisqu'il est seulement descendu sur terre en prenant forme humaine), et qu'ainsi le nihilisme de Marx n'est pas plus « accompli » que celui de Feuerbach. Ou plutôt, pour Marx, la « mort de Dieu » et l'humiliation du Christ mettent bien fin à l'histoire (comme pour Hegel), mais il ne s'agit que de la transposition imaginaire de l'histoire de l'aliénation de l'homme, de la « lutte des classes », la résurrection du Christ étant elle-même l'image de la libération humaine par la révolution. Là encore il s'agit, selon Olivier Clément, du « schéma des trois âges » calqué sur la Trinité chrétienne chez saint Paul ou Johachim de Flore : le Père représente la puissance créatrice de l'humanité, le Fils crucifié le prolétariat souffrant, et le Saint Esprit la révolution libératrice (Olivier Clément, *Les visionnaires. Essai sur le dépassement du nihilisme*, Desclée de Brouwer, 1986).

3 – Nietzsche

Pour Nietzsche (*Le crépuscule des dieux*, 1888), « la conscience la plus aiguë du nihilisme » selon Camus (*L'homme révolté*, 1953), la dévaluation des valeurs suprêmes nous renvoie d'emblée à un monde terrestre qui n'a pas plus de réalité qu'une *fable*. Sur ce point, Nietzsche rejoint Marx : comme l'écrit Vattimo, « la réification généralisée, la réduction de tout à la valeur d'échange, qu'est-ce, sinon le monde devenu fable ? » (*op. cit.*, p. 30). Cependant, à la différence de Marx, cette dévaluation ne saurait être, pour Nietzsche, provisoire, elle n'est pas attente d'un monde meilleur (que cette attente soit chrétienne ou marxiste) : il n'y a rien à attendre, pas plus du monde sensible que du monde supra-sensible car, selon le mot de Heidegger (*op. cit.*), « il n'en est plus rien quant à l'être » - seule formule qui exprime véritablement le « nihilisme accompli », balaye le siège des valeurs, sape tout fondement, montre que tout est faux, que le monde n'est qu'une fable qui se joue des hommes bien plus que les hommes ne la jouent. Anticipant toutes les critiques marxistes, psychanalytiques, francfortoises de la société, Nietzsche décrit ce « monde de la fabulation » comme celui de la « simulacralisation » selon l'expression de Vattimo (*op. cit.* p. 29) : ce qui caractérise le monde social, ce n'est plus le règne du sacré (comme c'est encore le cas pour Feuerbach), ce n'est plus seulement le règne caché - mais provisoire - de la marchandise (comme c'est le cas pour Marx), c'est le règne du simulacre définitif et généralisé. A la sacralisation du monde, Nietzsche substitue non seulement sa désacralisation (sans espoir d'une re-sacralisation) mais, en plus, sa fabulation et sa simulacralisation : nous sommes bien dans le nihilisme absolu, aux antipodes de Hegel.

4 – Heidegger

D'une certaine façon, Heidegger ne fait que confirmer l'affirmation de Kierkegaard selon laquelle Hegel aurait voulu évacuer l'idée de (vraie) religion, lorsqu'il aborde le thème de la « sécularisation » (*Nietzsche*, tome 2, Gallimard, 1971). Avec le christianisme en effet, la religion entre vraiment « dans le siècle » et dans le monde, elle se « mondanise » et se « dédivinise » selon l'expression de Jean-Claude Monod : elle « met en fuite » et se débarrasse des vrais dieux qui sont, pour Heidegger, les dieux grecs, ceux de la mythologie. Ainsi Heidegger n'est pas loin de préférer, avec Nietzsche, Dionysos au Crucifié, et de s'exclamer, avec Musset (même si c'est de façon moins poétique) :

> *Regrettez-vous le temps où le ciel sur la terre,*
> *Vivait et respirait en un peuple de dieux,*
> *Où Vénus-Astarté, sortant de l'onde amer,*
> *Secouait, vierge encore, l'écume de la mer,*
> *Et fécondait le monde en tordant ses cheveux.*

Avant Girard et Vattimo, Heidegger attribue donc au christianisme l'entrée dans la modernité, l'irruption du « nouveau de l'époque nouvelle ». La sécularisation est en effet tout entière l'œuvre du christianisme, et trouve sa forme achevée dans Hegel. Mais Heidegger donne de la sécularisation une interprétation toute différente de celle de Girard et Vattimo, mais aussi de Blumenberg. Heidegger en effet n'invite-t-il pas à penser que la sécularisation serait un premier pas vers le matérialisme, et que l'Incarnation du Christ ne serait qu'une transposition du matérialisme ? De même, si le discours sur Dieu ne peut être qu'un discours négatif sur Dieu, ainsi que l'enseigne toute la « théologie négative », celle-ci ne serait-elle pas qu'une forme de l'athéisme inhérent au christianisme ?

En fin de compte, ce concert d'objections à la philosophie hégélienne de la religion s'inscrit dans cette grande anthropologie athée dont Ernst Bloch a donné naguère une illustration magistrale.

B – L'ATHEISME DANS LE JUDAÏSME

Pour Ernst Bloch (*L'esprit de l'utopie*, 1923), chantre du « marxisme ésotérique », le marxisme doit assumer lucidement, dans son athéisme, « le noyau qui agit au cœur de toute religion », pour ne pas sombrer dans une « sécularisation vulgaire ». Il faut retrouver l'« ultime spirituel », le « génie paraclétique » et « luciférien » de l'homme, sa « faculté d'héroïsme, sa volonté de créer, de savoir, d'être comme Dieu ». Ce retour passe par les gnoses (notamment Marcion, particulièrement célébré), les hérésies, Johachim de Flore, les Frères du Libre Esprit, Thomas Münzer, mais également par Marx qui donne à cette espérance « son caractère scientifique ». C'est à ce prix que sera véritablement fécondé l'athéisme, « un athéisme déjà présent dans le véritable christianisme » dit Olivier Clément (*op. cit.*, p. 25), mais aussi dans le judaïsme.

Au cœur de son ouvrage *L'Athéisme dans le Christianisme. La Religion de l'Exode et du Royaume* (1968, trad. franç., Gallimard, 1978), Ernst Bloch aborde le problème de l'athéisme dans le judaïsme. Il présente la Bible comme une entreprise de « déthéocratisation » (qui trouve d'ailleurs son achèvement dans les Evangiles) - le chapitre qu'il consacre plus particulièrement au judaïsme s'intitulant « Exode dans la représentation de Iahvé. Déthéocratisation » (p. 103-154). Il illustre son point de vue par différents épisodes de la Bible, tel le rôle du serpent au Paradis terrestre (1-), celui d'Abraham soumis à l'épreuve du sacrifice de son fils Isaac (2-), l'histoire de Caïn ou « le signe de Caïn » (3-), la rencontre de Jacob avec un homme qui lui barre le chemin (4-), celui du « buisson ardent » de Moïse (5-), enfin l'histoire des malheurs de Job (6-) - le tout étant confirmé par la prédication des prophètes (7-).

1 – Le serpent du paradis terrestre

Le serpent du Paradis terrestre est à la fois poison et remède : poison car c'est lui qui pousse Adam et Eve à commettre le péché, mais aussi remède lorsque les « enfants d'Israël » font appel à lui pour être guéris de la lèpre (p. 106). Le péché est de goûter au fruit défendu de l'Arbre de la Connaissance pour « se rendre semblable à Dieu ». Or cet arbre est *agréable à la vue et précieux pour ouvrir l'intelligence* (Gen. III, 6). Mais, interroge Ernst Bloch, goûter au fruit défendu de l'arbre du Bien et du Mal afin de se rendre semblable à Dieu, était-ce vraiment un péché ? En réalité, c'était le seul moyen pour l'homme de devenir pleinement homme (p. 107), s'il est vrai que le « Paradis terrestre » était, selon Hegel, un séjour où « seules les bêtes mais non les hommes pouvaient demeurer » (p. 99).

« Se rendre semblable à Dieu », bien loin d'être un péché est le but d'une vie authentiquement religieuse. Par là, Ernst Bloch emprunte le langage non d'un athée, mais d'un véritable croyant : il ne traite pas de l'athéisme dans le judaïsme, mais du véritable religieux dans le judaïsme - et il en va de même pour tous les autres exemples qu'il donne.

2 – L'épreuve du sacrifice d'Isaac

Iahvé ayant demandé à Abraham, pour éprouver sa fidélité, de sacrifier son fils Isaac, cette histoire commence, dit Ernst Bloch, par « un caprice de despote ». Certes, au dernier moment, Isaac est remplacé par un bélier - ce qui marque le passage du « sacrifice humain » au « sacrifice animal ». Il n'en reste pas moins qu'il s'agit toujours d'un « sacrifice sanglant », et que le bélier est « tout aussi innocent et aussi peu capable de se défendre » qu'Isaac. Ainsi, dans cet épisode, Iahvé « se réfute lui-même ». Ernst Bloch trouve confirmation de cette interprétation chez Amos « le plus ancien des grands prophètes », chez qui « l'image de Iahvé n'est plus enveloppée de la fumée des sacrifices et du plaisir qu'y prend la divinité » puisque, dans Amos lui-même, il est écrit : *Je hais, je méprise vos fêtes ; je ne prends point plaisir à vos assemblées solennelles. Si vous me présentez des holocaustes, je n'agréerais point vos offrandes, je ne regarderais point les bêtes grasses de vos sacrifices de prospérité* (Am, v. 21-22) (p. 112).

« Iahvé se réfute lui-même » en tant que divinité persécutrice qui réclame des sacrifices. Le véritable Dieu est le contraire de ce Iahvé là, comme l'a bien compris Amos (et Ernst Bloch qui ne retranche pas une virgule à la déclaration d'Amos).

3 – Le « signe de Caïn »

Caïn, le cultivateur, ne peut offrir à Iahvé que les prémices de sa récolte, tandis que son frère Abel, le berger, peut lui offrir des brebis - ce qui semble plus agréable à la divinité. Ainsi s'explique la jalousie de Caïn qui le pousse au meurtre d'Abel. De là s'ensuit la malédiction de Caïn. Mais cette malédiction finit par s'adoucir pour être annulée, Iahvé prescrivant que *quiconque le trouverait ne le tuât point* ; bien plus, cette malédiction devait se transformer en une véritable bénédiction : *Si quelqu'un tue Caïn, Caïn sera vengé sept fois.*

N'est-ce pas - sans aucunement justifier le meurtre d'Abel - qu'aux yeux d'un vrai Dieu, l'offrande non-sanglante de Caïn était supérieure à l'offrande sanglante d'Abel ? C'est ce Caïn-là qui est à l'origine de la « culture caïnite » c'est-à-dire de toute culture humaine. Rappelant cet épisode, Ernst Bloch en conclut que, pour la première fois peut-être, on est en présence « d'une représentation de Dieu qui n'en a plus après l'homme » (p. 111-112) - ce qui n'est que la justification du « vrai Dieu » par opposition à tous les « faux dieux ».

4 – L'homme qui barra le chemin à Jacob

Cet épisode se situe près du gué de Jabbok (Genèse, 32) où un homme s'avise de barrer le chemin à Jacob. Celui-ci, malgré la déficience de sa hanche, se battit avec l'homme jusqu'au levée de l'aurore où son adversaire interrompit le combat. L'homme se présenta à Jacob comme étant un Dieu, et même Dieu lui-même. Jacob le somma de le bénir : *Je ne te laisserais point aller que tu ne m'aies béni.* Fut alors donné à Jacob le nom d'*Israël* : *celui qui a combattu avec Dieu.*

Cet épisode qui ne valut à Jacob aucune punition et qui consacre sa victoire, est une justification de la *révolte* - révolte « contre la peur du démon » (p. 107-108). Aussi n'est-il pas étonnant que Ernst Bloch puisse rapprocher cet épisode de celui de la *Tour de Babel*, réalisation du conseil donné par le serpent à l'homme de devenir semblable et égal à Dieu, à cette grande différence que la « révolte » était ici sanctionnée par une grave punition, la dispersion de l'espèce humaine et la confusion des langues. Ainsi, dans l'épisode de la Tour de Babel, la révolte est punie, tandis que dans celui du gué de Jabbok, elle est justifiée comme combat contre un faux Dieu.

5 – Moïse et le « buisson ardent »

Iahvé se manifestant à Moïse à travers un « buisson ardent », et Moïse lui demandant quel est son nom, reçoit comme réponse : *Je suis celui qui serai* (Ex., m. 14). Ce qui est frappant, dans cette réponse, c'est l'emploi du futur, et d'un futur « salvifique » confirmé par la suite de la parole divine : *Je vous ferai monter de la misère d'Egypte*. Par cette réponse, Iahvé n'est plus la divinité de la religion archaïque, mais le véritable Dieu qui n'accepte pas la misère de son peuple, pour lui indiquer le chemin de la révolte et de l'exode. Il cesse d'être « l'ancienne figure... dont les rechutes dans le despotisme oriental sont incontestablement fréquentes et dont l'oppression ne cesse, immuable... » (p. 113). Il n'est plus « Iahvé (*celui qui souffle*) », le « Dieu des vents et des tempêtes qui hantait alors le Sinaï ». Il devient le Dieu du « futur », « de ce qui est devant », « ... le signe traçant *le chemin vers la sortie de l'esclavage*, l'*emblème* et l'horizon d'une attente : celle de la libération » (p. 114). C'est « la sublimation... du Dieu de pure soumission en un Dieu fondant la morale » (p. 115). Là encore la reconnaissance d'un Dieu libérateur et profondément humain contre toutes les divinités oppressives et inhumaines, n'est pas le propos d'un athée, mais d'un véritable croyant.

Aussi n'est-il pas étonnant qu'invoquant l'exégèse biblique, Ernst Bloch fasse commencer la Bible avec l'Exode, la fuite de la captivité d'Egypte, c'est-à-dire avec Moïse. La Genèse ayant, dans cette perspective, été rajoutée ensuite par des prêtres qui, influencés par la mythologie égyptienne, ont calqué leur conception de Iahvé sur celle de Ptah, le dieu-créateur égyptien. La création doit, en réalité, être attribuée à « Iahvé-Ptah » : « Le récit de la création qui concerne en tant que tel Iahvé-Ptah, n'est donc pas pour l'essentiel d'origine judaïque mais égyptienne… » (p. 275). « L'égyptien » renvoie ici à l'archaïque, c'est-à-dire à l'oppression et à la persécution, par opposition au « véritable hébraïque » synonyme de désaliénation et de libération.

Le Dieu caché du judaïsme est (ou sera) le vrai Dieu de la vraie religion.

6 – Les malheurs de Job

Job est ce personnage qui, faisant l'expérience de la misère et du malheur, a osé s'en prendre à Dieu, mettre en cause la justice divine : *Pourquoi les scélérats vivent-ils ?... Et pourquoi les pauvres sont-ils affamés ?* (XXI, 7). Iahvé frappe au hasard : *l'innocent, comme le scélérat, il l'anéantit* (IX, 22). Contre cela, Job se révolte : quel péché a-t-il commis ? Il demande des comptes à Iahvé - demande d'autant plus retentissante qu'à travers Job, c'est la condition même d'Israël qui en jeu, et, à travers Israël, la condition de l'humanité : « Canaan était devenu l'Egypte, seul le nom avait été changé et Israël subissait toujours son ancienne misère » (p. 140). C'est alors que les « trois amis » de Job, en réalité défenseurs et avocats de Iahvé, veulent désamorcer sa révolte, lui faire entendre raison. Mais, comme le souligne Ernst Bloch, ils « n'ont rien d'autre à objecter que le dogme de l'expiation réparatrice sous sa forme la plus rigide. Leur Iahvé se drape dans cet argument usé jusqu'à la corde... » (p. 140). C'est pourquoi « la conscience morale de Job lui donne assez d'assurance face à Iahvé, juge bien contestable... Un homme dépasse donc ici son Dieu, rayonne plus fort que lui : c'est, et cela reste la logique du livre de Job en dépit de l'apparente soumission par laquelle il s'achève » (p. 141).

Iahvé répond tout d'abord à Job par deux questions : *Qui est celui qui dénigre la providence par des discours insensés ?* et *Où étais-tu quand je jetais les fondements de la terre ?* (XXXVIII, 2, 4). A cette dernière question correspond un psaume dans lequel Iahvé chante ses propres louanges, celles des beautés de la création (p. 141). Ernst Bloch a souligné la différence essentielle entre le discours de Iahvé et celui de Job : celui de Job « fait intervenir la moralité là où Iahvé en appelle à la nature... Iahvé répond à des questions morales par des questions physiques... » (p. 142). Mais la meilleure réponse de Job tant à Iahvé qu'à ses « amis », est celle-ci : *j'ai mon témoin dans les cieux et mon garant dans les hauts lieux* (XVI, 18-19) (p. 146).

C'est pourquoi Ernst Bloch, tout en déduisant que « face aux questions impitoyables de Job, toute théodicée s'avère forfaiture » (p. 151), ne considère pas que le refus de Dieu soit le dernier mot du Livre de Job : « tout en ne croyant pas en Dieu, le rebelle lui-même a foi en Dieu ; il fait confiance au Iahvé *de la sortie d'Egypte...* » (p. 153). « Job l'incroyant est un homme pieux : parce qu'il ne croit pas. Sauf... (en) l'homme lui-même... » (p. 154).

Job refuse le faux Dieu parce qu'il croit au vrai Dieu. Ce vrai Dieu, Ernst Bloch, dans son athéisme, et plus exactement dans son « humanisme athée » qu'il exprime parfaitement, il l'identifie à « l'homme lui-même » - ce à quoi on peut lui rétorquer : certainement pas à l'homme tel qu'il est ou tel qu'il a été, peut-être à l'homme tel qu'il sera avec Dieu, selon l'épisode du buisson ardent, à l'homme tel qu'il devrait être.

7 – La prédication des prophètes

De Amos à Esaïe, les prophètes n'ont cessé de faire entendre une voix de Iahvé totalement différente de celle du Dieu vengeur, réclamant des sacrifices, « le Dieu des vents et des tempêtes » qui fait obstacle à l'homme. Il en résulte la prédication profondément humaine, notamment d'Esaïe, aussi bien dans les prescriptions : *Apprenez à faire le bien, recherchez la justice, mettez au pas l'exacteur, protégez l'opprimé, faites droit à l'orphelin, prenez la défense de la veuve* (Es., I, 17), que dans les punitions qu'il préconise : *Je punirai le monde pour sa méchanceté, les impies pour leurs crimes. Je mettrai fin à l'orgueil des insolents, je ferai tomber l'arrogance des tyrans* (XIII, 11) (p. 120-121). Telle est, selon Ernst Bloch, la *prédication subversive de l'apocalypse sociale* (p. 121). Ainsi au « Dieu du châtiment sans véritable faute », Esaïe substitue l'idée d'un « Dieu caché » (*Deus absconditus*). C'est pourquoi, contre les interprètes traditionnels du « Dieu, Seigneur et maître », Esaïe peut faire dire à Iahvé : *C'est que vos pensées ne sont pas mes pensées et mes chemins ne sont pas vos chemins* (Es., LV, 8) (p. 122).

La prédication des prophètes n'est donc pas seulement « morale et sociale », elle est aussi une prédication de liberté. Elle est conforme au Iahvé du « buisson ardent » de Moïse, celui de la sortie d'Egypte et de l'exode, celui du futur indéterminé qui est devant et qu'il appartient à l'homme de créer. Aussi n'est-il pas étonnant qu'elle annonce un monde nouveau : *En effet, voici que je vais créer des cieux nouveaux et une terre nouvelle ; ainsi le passé ne sera plus rappelé, il ne remontera plus jusqu'au secret du cœur* (Es. LXV, 17) (p. 123-124), *car le monde ancien aura disparu* (Apoc. XXI, 4) (p. 53).

Ernst Bloch a donc donné ici un vibrant plaidoyer pour l'athéisme, mais dont il se rend parfaitement compte qu'il est très proche d'un plaidoyer pour le christianisme, comme l'indique d'ailleurs le titre de son livre et comme le confirme le mot de Saint Paul placé en exergue :

Seul un athée peut être un bon chrétien ;
seul un chrétien peut être un bon athée.

Car l'Ancien Testament n'est pas cette œuvre de « déthéocratisation » qu'il y découvre, ou alors il faudrait préciser que cette opération ne vise qu'un faux Dieu ; elle est plutôt une œuvre de « rethéocratisation » c'est-à-dire la quête d'un vrai Dieu par-delà et contre tous les faux dieux, - quête qui est celle de toute véritable religion. Aussi n'est-il pas étonnant qu'elle trouve son achèvement dans le Nouveau Testament. Le Dieu caché du judaïsme, c'est le Dieu révélé du christianisme. Ce vrai Dieu est celui auquel s'adresse Isaïe dans la célèbre apostrophe rappelée par Ernst Bloch : *Vere, tu es Deus absconditus* (Is. 45, 15) *En vérité, tu es le Dieu caché*. En fin de compte, Ernst Bloch a moins traité *de l'athéisme dans le christianisme* que *du christianisme dans l'athéisme*.

SECTION 2 : LE CHRISTIANISME DANS L'ATHEISME

La lecture athée de la philosophie de la religion de Hegel consiste donc à dénoncer dans l'idée de religion, de transcendance ou de Dieu chez Hegel, une illusion, une image ou le simulacre d'une véritable réalité qui est l'homme à la recherche des valeurs (Feuerbach) ou, au contraire, l'homme victime des forces économiques (Marx) ou l'homme cherchant à se dépasser lui-même (Nietzsche), ou encore l'homme voulant se débarrasser de toute référence à Dieu, en sécularisant l'idée même de religion (Heidegger). Cette lecture athée peut d'ailleurs présenter Hegel soit comme une victime de ces illusions, soit, au contraire, comme une sorte de « philosophe du soupçon » qui n'est pas dupe, un théologien machiavélique qui, au fond de lui-même, ne reconnaît pas d'autre Dieu que l'Homme et l'Humanité. Dans tous les cas, la philosophie de la religion de Hegel serait (après et avec les Lumières) une parfaite illustration de cet « humanisme athée » qui voit dans la négation de Dieu une affirmation totale de l'homme. La tentative de remplacer Dieu par l'homme, qui remonte au moins à la mythologie grecque dont le Panthéon n'est qu'une galerie de types humains fort caractéristiques, se retrouve à la Renaissance (malgré le projet de Lucien Febvre d'en exonérer Rabelais et son époque), pour réussir pleinement au XVIIIe siècle avant d'être sans cesse confirmée au XIXe siècle (que certains ont qualifié de « stupide ») et encore plus au XXe siècle (qui a pu faire regretter à d'autres la relative sagesse du XIXe). Or toute tentative de remplacer Dieu par l'homme (le « drame de l'humanisme athée », selon Henri de Lubac) connaît un prolongement inéluctable, celui de remplacer l'homme par la matière et ainsi de remettre en cause l'homme lui-même. Ce qui aboutit à une déshumanisation de l'homme, particulièrement dénoncée par Nicolas Berdiaev : « Sans Dieu, il n'y a plus d'homme » (*De la destination de l'homme*, 1935). Le véritable projet de Hegel est-il donc de remplacer Dieu par l'homme, puis l'homme par la matière, de se livrer ainsi à cette « spéculation à la baisse », à cette « explication du supérieur par l'inférieur » que représente finalement le matérialisme ?

Mais la philosophie de la religion de Hegel ne contient-elle pas la réponse à toutes les objections qui ont pu lui être faites, s'il est vrai qu'elle met plus en lumière « le christianisme dans l'athéisme » que « l'athéisme dans le christianisme » comme le confirment les rapports de la foi et de la raison (A), les limites du nihilisme (B) et les paradoxes de l'athéisme (C) ?

A – FOI ET RAISON

Pour Hegel, la philosophie, s'égalant à la théologie, devient une sorte d'incarnation de la foi. La philosophie n'est pas étrangère à l'expérience de la foi car foi et raison ne s'opposent pas dans la mesure où la révélation divine est rationalité absolue et la rationalité absolue révélation divine. Est ainsi affirmée, chez Hegel, l'identité de l'Esprit et de Dieu, de la raison humaine et de la raison divine, identité que le christianisme a consacrée en opérant l'unité de l'humain et du divin réalisée par le Christ. Ainsi que le souligne Albert Chapelle, le Christ a mis fin au malheur de la conscience, à la séparation de l'humain et du divin, du fini et de l'infini en les réconciliant : telle est la vérité du christianisme. Par sa doctrine de l'Incarnation, la religion chrétienne, religion absolue, a apporté la vocation absolue, la vocation spirituelle de l'homme. Le Christ est « le fils de Dieu », mais aussi « le fils de l'homme », ce qui révèle l'idée universelle et vraie, l'idée spirituelle de l'homme : telle est « la conscience chrétienne de l'identité spirituelle de Dieu et de l'homme (A. Chapelle, *op. cit.*, p. 143).

Il n'y a pas, d'une part un ordre surnaturel, transcendant à la nature humaine et extérieur à elle (celui du Christ ressuscité), et d'autre part un ordre naturel immanent à l'homme (celui du Christ crucifié). Hegel refuse la conception d'un « Dieu sauveur » surnaturel et transcendant qui s'opposerait à un « Dieu créateur » naturel et immanent - ce qui ne ferait que consacrer un retour au dualisme gnostique. Car le « Dieu créateur » n'est pas seulement immanent car il est le Père, le créateur non seulement de la terre mais aussi du ciel, et le « Dieu sauveur », le Fils, n'est pas seulement transcendant puisqu'il est « Dieu incarné », le Christ - cette « transcendance immanente » et cette « immanence transcendante » trouvant sa traduction sensible dans le Saint Esprit, expression de la raison divine.

C'est bien ici la perspective de Hegel qui répond, par avance, à ses futurs détracteurs athées, de Feuerbach à Ernst Bloch : il ne saurait jamais y avoir d'immanence sans transcendance. Mais Hegel répond également par avance à son grand détracteur chrétien, Kierkegaard, lorsque celui-ci ne fait finalement que renouveler, envers lui, le reproche que faisait déjà Saint Bonaventure à Saint Thomas d'avoir mis l'eau de la raison dans le vin pur de la foi : objection à laquelle Hegel, nouveau Saint Thomas et dernier Scolastique, aurait pu répondre, lui aussi, qu'en entrant dans le domaine de la foi, l'eau de la raison, comme à Cana, s'était changée en vin, la raison humaine s'étant rapprochée, encore plus, de la raison divine.

B – LES LIMITES DU NIHILISME

Ainsi la phénoménologie de l'esprit est-elle tout autre chose que cette réduction de la transcendance à l'immanence. La philosophie de la religion de Hegel n'est pas seulement, comme pouvait le penser Heidegger la forme achevée de la sécularisation, ni comme le croyait Ernst Bloch, la porte ouverte à un athéisme fécond et lucide, apte à détecter le « noyau spirituel de la religion ». Elle n'est pas davantage la même tentative de ramener le christianisme à l'athéisme, ni celle, dénoncée par Nietzsche de se perdre dans une vaste fabulation, ni celle, dénoncée par Marx, de servir les impératifs de la classe dominante, ni celle, dénoncée par Feuerbach, de récupérer sur terre les trésors gaspillés au ciel, ni celle dénoncée par Kierkegaard, de transformer le christianisme en paganisme. Ce n'est pas la « théologie négative » qui est une forme d'athéisme, ni l'incarnation qui n'est qu'une simple transposition du matérialisme. C'est plutôt le contraire. En effet, par la croix du Christ (inséparable de l'incarnation), tout « athéisme de protestation » se retourne contre lui-même, toute mise en accusation de Dieu est un argument en sa faveur, peut-être le seul vrai « argument ontologique ». Car ce n'est qu'au nom d'un au-delà que l'on peut mettre en cause l'ici-bas. Selon Heidegger (*op. cit.* p. 167), le mot de Nietzsche « Dieu est mort » (« ce mot terrible ») veut tout dire sauf « il n'y a pas de Dieu ». A cet égard, comme le montre Gianni Vattimo (*op. cit.*, p. 26-27), lorsque Nietzsche (« le plus grand théologien moderne depuis Saint Paul », selon Girard) considère le « nihilisme accompli » comme *notre dernière chance*, ne rejoint-il pas Hegel dans la mesure où le « nihilisme accompli », c'est la « mort de Dieu » ? Dès lors, et contrairement à l'affirmation de Heidegger, l'interprétation nietzschéenne du « Dieu est mort » n'est pas aussi éloignée qu'on pourrait le croire de l'interprétation hégélienne. Ainsi, par la croix du Christ, c'est, selon Blumenberg, l'athéisme post-chrétien qui devient « une forme de la théologie négative inhérente au christianisme » et le matérialisme qui apparaît « comme la continuation de l'incarnation par d'autres moyens » (H. Blumemberg, *La légitimité des temps modernes*, 1966, trad. franç. Gallimard, 2000, p. 127).

C – LES PARADOXES DE L'ATHEISME

C'est en ce sens que doit être compris cet athéisme « toujours présent dans le véritable christianisme » selon Olivier Clément, et singulièrement présent dans la philosophie de la religion de Hegel - ce qui fut et ce qui est encore la source de toutes les erreurs et de toutes les méprises quant à la véritable signification de cette philosophie. N'a-t-on pas dit que les athées étaient les véritables croyants, de « grands confesseurs de l'esprit » selon Valéry, dans la mesure où ils purifient la connaissance de Dieu et la conception même de la foi. Comme l'écrit Jürgen Moltmann (*op. cit.*), « ce ne sont pas les hommes pieux, mais les pécheurs, non pas les justes, mais les injustes qui reconnaissent Jésus » (p. 37). C'est à eux seuls qui « ont perdu leur identité », qui sont « dépouillés de leur humanité », que Jésus révèle son identité de Fils de l'Homme. « Dieu justifie les impies et toujours eux seuls (E. Käsemann)… Dieu se révèle dans son contraire, il peut être connu par les impies et les abandonnés de Dieu » (p. 38). De Dieu, on ne peut librement parler qu'avec les impies, a dit un jour Bonhoeffer (p. 39). En effet, dénoncer la foi en la « sagesse » d'un Dieu créateur d'un monde mauvais (comme le fit le gnosticisme) n'ouvre pas la voie à l'athéisme, c'est plutôt le contraire, cette foi en un mauvais démiurge justifiant le satanisme et l'athéisme. La véritable croyance est celle en un « Dieu sauveur », le Christ qui est l'incarnation de Dieu jusque dans la « folie de la croix ». La croix nous renvoie à la foi et à rien d'autre. Comme l'écrit H. I. Iwand (cité par J. Moltmann, p. 47) « notre foi commence exactement là où les athées pensent qu'elle doit finir… Elle doit naître du néant… comme aucune philosophie nihiliste ne peut se le représenter ». C'est pourquoi l'histoire du nihilisme se confond avec l'histoire de l'athéisme occidental. Le monde dédivinisé fait place au « monothéisme de Satan », et les blasphèmes continuels de celui-ci ne sont que des « provocations de Dieu », « car il y a quelque chose que l'athée redoute plus que tous les tourments, c'est l'indifférence de Dieu et son retrait définitif du monde de l'homme » (p. 252). « Pour protester contre l'injustice et la mort, (l'athée) a besoin de l'instance qu'il peut mettre en accusation parce qu'il la tient pour responsable » (p. 253).

Pour Hegel, ce n'est donc pas l'au-delà qui s'efface devant l'en-deçà, ce n'est pas la transcendance qui s'évanouit dans le devenir historique ; au contraire, par le « paradoxe de la croix », par le « Dieu crucifié », c'est l'en-deçà qui se projette dans l'au-delà, le devenir historique qui s'ouvre à la transcendance, c'est le christianisme qui est le devenir de l'athéisme.

Chapitre 6

CLAUDE TRESMONTANT : LA VISION HEBRAÏQUE ET CHRETIENNE DU MONDE

Claude Tresmontant (1925-1997) est d'abord philologue, hébraïsant et helléniste, c'est la découverte de la Bible alors qu'il n'était que tout jeune homme qui devait l'amener à devenir un spécialiste des langues hébraïque, araméenne et grecque. En outre on ne peut qu'être également admiratif pour sa connaissance des sciences de la nature, biologie, physique, astrophysique, cosmographie et astronomie.

Bien qu'il semble n'y avoir eu aucun contact, aucune correspondance entre Tresmontant et Girard, tous deux considèrent le texte judéo-chrétien comme la plus puissante innovation spirituelle et intellectuelle qui n'ait jamais existé. Leur œuvre respective contient en effet une des plus grandes apologies qui n'aient jamais été faites de la pensée hébraïque et de la pensée chrétienne qui lui est indissociablement liée et qui en est la véritable héritière (notre ouvrage, *Girard et Tresmontant, balayeurs et constructeurs*, L'Harmattan, 2019).

Tresmontant insiste sur le fait que le point de départ de la pensée hébraïque est l'affirmation que Dieu est le créateur du monde : tel est ce qu'on peut appeler la « vision créationniste du monde », par opposition à la « vision non-créationniste ». Nous commencerons par rappeler ce qu'il en est de ces deux visions du monde opposées (Section 1), avant de nous arrêter sur celle qui, bien sûr, a la préférence de Tresmontant, la vision créationniste qui trouve son aboutissement dans la vision chrétienne du monde (Section 2).

SECTION 1 : DEUX VISIONS DU MONDE OPPOSEES

Selon Claude Tresmontant, la pensée hébraïque revêt une importance considérable dans l'histoire de la pensée et de la religion - et même dans l'histoire de l'humanité - par la nouveauté, la mutation radicale qu'elle apporte par rapport à toutes les religions et philosophies qui l'ont précédée ou qui ont cohabité avec elle, et également avec celles qui l'ont suivie. L'essentiel de cette mutation réside dans la notion de *création* totalement inconnue des anciennes religions - création du monde par Dieu (la « vision créationniste »), qui implique la distinction fondamentale entre le monde créé et Dieu incréé.

Ce n'est pas le cas dans les anciennes religions de l'Inde, de la Mésopotamie, de l'Egypte, de la Grèce..., dans lesquelles Dieu et le monde, la divinité et la nature sont confondus (la « vision non-créationniste »). Les qualités traditionnellement reconnues à la divinité d'être incréée, incorruptible, éternelle, sont attribuées à la nature avec laquelle la divinité se confond.

Dans la pensée hébraïque, au contraire, Dieu seul est infini, incorruptible, éternel, et il est le créateur du monde fini, corruptible et périssable.

Cette distinction très simple entre ceux qui admettent la Création, la dualité du monde créé et de Dieu incréé, et ceux qui ne l'admettent pas, permet à Tresmontant de se livrer à une sévère critique des seconds (*Paragraphe 1* « La vision non-créationniste du monde ») et à une apologie sans réserve des premiers (*Paragraphe 2* « La vision créationniste du monde »).

Paragraphe 1 : LA VISION « NON-CREATIONNISTE » DU MONDE

Dans sa dénonciation de la « vision non-créationniste » du monde, Trèsmontant vise les courants les plus vénérés et les auteurs les plus prestigieux de l'ancien Orient, de la Grèce antique et de l'Europe (classique et moderne). En ce sens, il fait le ménage dans l'histoire de la pensée, il donne le sérieux coup de balai dont cette dernière avait rudement besoin. Dans son ouvrage *Les Problèmes de l'Athéisme* (Editions du Seuil, 1972), il envisage d'abord le modèle non-créationniste en « cosmologie fixiste » pour laquelle l'Être est immobile et intangible (I), puis en « cosmologie évolutive » pour laquelle l'Être connaît un devenir (II) - nous nous référerons également à deux autres ouvrages de Claude Tresmontant, *Le Problème de l'Âme* (Editions du Seuil, 1971), et *Les Métaphysiques principales. Essai de Typologie* (O.E.I.L., 1989).

I – EN « COSMOLOGIE FIXISTE »

La « cosmologie fixiste », Claude Tresmontant l'explore tout d'abord dans la pensée grecque (A) qui reste la matrice de toute la pensée européenne, mais singulièrement au cours de l'âge classique (B).

A – LA PENSEE GRECQUE

Un thème parcourt un peu toute la pensée grecque et se retrouve chez les philosophes les plus divers pour s'opposer manifestement à l'idée de création, c'est le thème du *chaos originel* : bien loin de procéder d'une création, le monde trouverait son origine dans un désordre premier. Ce thème, déjà présent dans les plus anciennes mythologies d'Inde, de Chine, d'Egypte, de Sumer, de

Babylone, est repris par Hésiode (VIIIe siècle av. J.-C.) dans son grand « poème » sur le combat des dieux et l'origine tragique du monde. Il se retrouve également, au VIe siècle avant notre ère, dans l'orphisme qui présente, lui aussi, le chaos originel comme un combat entre les dieux : de ce combat naît l'homme dans le corps duquel l'âme est enfermée comme dans une prison, puis soumise au cycle des réincarnations - il faut donc se livrer à une initiation, à une ascèse pour se libérer définitivement de la « prison du corps » (p. 17). Un thème identique se rencontre chez Pythagore et dans toute son Ecole, puis il est illustré par nombre d'autres philosophes grecs, tant chez les présocratiques (notamment Parménide) que chez Platon et, dans une moindre mesure, chez Aristote, avant de retrouver toute sa vigueur chez ces autres « post-socratiques » que sont les épicuriens et les stoïciens.

C'est Platon (428-348 av. J.-C.) qui devait donner tout son lustre à la conception orphique et pythagoricienne de la vie antérieure et de la chute de l'âme dans le corps : pour l'âme, « le corps est un tombeau ». C'est le corps qui empêche l'âme d'accéder à la vérité. Platon revient ainsi à « l'antique tradition » qui fait du corps la source de tous nos déboires, erreurs et illusions. En outre l'âme étant inengendrée est nécessairement incorruptible et immortelle (p. 24-25).

Ce modèle est encore au cœur de l'hermétisme et des différents courants gnostiques qui s'épanouissent du IIIe siècle avant notre ère jusqu'au IIIe siècle de notre ère, et bien après. Amplement illustré et démontré par le prestige de toute la pensée grecque, il n'est pas étonnant que le « modèle non-créationniste » ait pu connaître une grande fortune au cours de l'âge classique.

B – L'AGE CLASSIQUE

De Descartes (1596-1650) à Fichte (1762-1814), la notion de création a souvent été remise en cause, quand elle n'a pas été carrément niée.

Le « cas Descartes », tout d'abord, est symptomatique dans la mesure où il semble accepter l'idée juive et chrétienne de création mais pour la contourner et l'escamoter aussitôt : « Une fois que le dieu de Descartes a produit le chaos originel de matière, et a établi les lois naturelles, il n'a plus à s'en occuper. Il n'a qu'à laisser faire les lois naturelles » (*Les Problèmes de l'Athéisme*, p. 73). Le Chaos originel est premier, l'action créatrice de Dieu et les lois naturelles sont réduites le plus possible. La création joue même, chez lui, le rôle d'une hypothèse toute provisoire qu'il minimise sans cesse et dont il veut se débarrasser au plus vite. Ainsi Descartes renoue-t-il avec la vieille tradition, reprise chez Platon, du chaos originel. Ce qui est confirmé par son dualisme outré de l'âme et du corps : si l'âme est d'origine divine, le corps n'est qu'une machine. Dans *Les Passions de l'âme*, Descartes affirme que ce n'est pas parce que l'âme s'en va que le corps se corrompt, mais c'est parce que le corps se corrompt que l'âme s'en va (p. 129) - position profondément athée ainsi que l'avait reconnue Pascal tout comme les matérialistes athées qui virent en Descartes un de leurs prédécesseurs.

Kant (1724-1804) est très proche de Descartes dans sa conception du monde puisque, pour lui, le monde procède du Chaos originel assorti de quelques lois naturelles, réduites à leur minimum : on reconnaît là une « cosmogonie athée ». Kant part du « présupposé cosmologique » selon lequel la nature est informe, au sens propre du terme, elle est « non informée ». Ce présupposé qui relève de « la philosophie de la nature » commande « la théorie kantienne de la connaissance ». Il aboutit à l'opposition radicale de la foi et de la raison (p. 127). Les problèmes d'ontologie, de cosmologie, de philosophie de la nature ne seront plus traités parce qu'ils ne sont pas susceptibles d'un traitement rationnel : l'existence de Dieu ne peut pas être établie par la raison. Avant de trouver son expression achevée chez Kant, dans sa *Critique de la raison pure*, cette position se rencontrait déjà au XIVe siècle chez Guillaume d'Occam (1270-1347), puis surtout, au XVIe siècle avec Martin Luther (1483-1546) qui allait jusqu'à qualifier la raison de « putain du Diable » (p. 144).

Dans le sillage de Kant, Fichte qui était « nourri de la Kabbale depuis son enfance » (p. 192) considère la création comme « l'erreur fondamentale absolue de toute fausse métaphysique » (p. 25). Nombre d'idéalistes partagent donc cette position jusqu'à « l'idéalisme scientifique » de Léon Brunschvicg qui voyait dans l'idée de création un « enfantillage ».

Mais, à côté de la « cosmologie fixiste » postulant l'intangibilité de l'Être, il a toujours existé, depuis fort longtemps, une « cosmologie évolutive » pour laquelle l'Être est en devenir - cosmologie qui n'en rejette pas moins la notion de création.

II – EN « COSMOLOGIE EVOLUTIVE »

Une certaine notion d'évolution, de devenir, avait pu être reconnue depuis fort longtemps, par les plus anciennes théogonies, comme l'une des caractéristiques principales de la divinité : « L'idée selon laquelle la divinité comporterait une genèse, une naissance, un développement, une évolution, trouve son origine dans les antiques théogonies et cosmogonies de l'Egypte, de Babylone, de Chanaan, et dans la théogonie dont le poème d'Hésiode nous fournit une expression ». Or, dans ces différentes théogonies qui gravitent toutes autour de la lutte et de la guerre entre les dieux, le devenir est toujours considéré comme *tragique*. Ce qui se retrouve dans « les mythologies gnostiques des premiers siècles », puis dans « la théosophie du cordonnier Jacob Boehm (né en 1575) » (p. 139). Dans ce courant théogonique, la notion de création, sans être niée, est vidée de son sens puisque toujours considérée comme « un processus d'auto-manifestation, d'auto-révélation » - « doctrine qui se trouvait déjà développée dans la Kabbale ».

Cette théogonie inavouée, solidaire ici du « modèle non-créationniste » se retrouve, modernisée, chez la plupart des penseurs, tout au long du XIXe siècle et jusqu'au cours du XXe siècle : elle est illustrée, dès le début du XIXe siècle, par Schelling et par Hegel (p. 140), puis par Schopenhauer et Nietzsche, Marx et Engels ne font eux-mêmes que la revivifier, « mais en la transposant, en la transcrivant sur le registre matérialiste » (p. 141) qui devait lui donner tout son lustre

Avec le matérialisme en effet, le problème de la création ne se pose même plus puisque Dieu n'existe pas, seuls l'homme et la matière existent. Ce matérialisme qui est aussi un « humanisme athée », a cause liée avec le socialisme conçu comme l'appel à une « immense fraternité ». Ce courant a marqué toute la pensée moderne, des Lumières à nos jours, mais singulièrement les humanistes athées.

Dans *L'Essence du Christianisme* (1841), le matérialiste et humaniste athée, Feuerbach (1804-1872), s'en prend violemment à l'idée de création, l'attribuant, à juste titre, au judaïsme comme étant sa caractéristique fondamentale. Le principe de la doctrine de la création, c'est l'égoïsme. Par cette doctrine en effet, « l'homme s'est séparé de la nature pour la réduire à un simple objet de la volonté ». Le Juif « réduit la nature au rang de servante la plus soumise à ses intérêts, à son égoïsme pratique » : « l'utilitarisme, le profit, est le principe suprême du judaïsme »... « Pour les Juifs, la nature n'était qu'un moyen en vue de leurs fins... » (p. 147).

Marx (1818-1883), à la suite de Feuerbach et de son antijudaïsme, affirme que « l'argent est le Dieu jaloux d'Israël,... la valeur générale et constituée pour soi-même de toutes choses » (p. 151). Quant à la théorie de la création, il pense qu'elle est suffisamment réfutée par la science qui a découvert l'évolution cosmique comme processus d'auto-génération et d'auto-genèse (p. 152) - c'est un retour à la théogonie des mythologies gnostiques reprise par Jacob Boehm qui remplace la création par un processus d'auto-révélation et d'auto-manifestation. Tout découle de la matière, ainsi que l'avaient déjà affirmé Démocrite et Epicure, auxquels il n'est pas étonnant que Marx ait consacré sa thèse de doctorat en 1841.

Engels (1820-1895) qui, de son côté, partage l'antijudaïsme de Feuerbach et de Marx, résume le problème sous le dilemme suivant : ou bien il faut recourir à un Créateur, ou bien la matière est incréée et produit tout par elle-même éternellement. C'est évidemment, pour lui, la deuxième partie de l'alternative qui est vraie. Cependant, puisqu'il se veut scientifique, il ne peut nier le principe de la dégradation de l'énergie ; il postule alors une régénération de l'univers consécutive à sa dégénération - ce qui marque un retour à la conception cyclique du monde, présente dans les plus anciennes théogonies, et chez certains présocratiques (p. 177-180).

Proudhon (1809-1865) qui considère le christianisme comme « la lèpre du monde », le ramène à une affaire de foi, de sentiment, non de raison. Il retrouve ainsi Guillaume d'Occam, Luther et Kant. Comme ceux-ci, il croit que, pour le christianisme, l'obligation morale, la distinction du bien et du mal, ne procède que de la volonté de Dieu. Or c'est le contraire même du vrai christianisme enseigné par Saint Thomas d'Aquin selon qui la morale est fondée « dans la réalité objective » : « elle n'est pas extrinsèque, mais immanente au réel » (p. 367-369).

Bakounine (1814-1876), l'anarchiste matérialiste par excellence, est nourri de l'idéalisme allemand, de Fichte, Schelling, Hegel, tous auteurs qu'il avait particulièrement étudiés et dont il retient surtout le thème gnostique et théosophique de la *chute* de l'Absolu dans la matière. Il est alors en mesure de faire une critique en règle de l'idéalisme à qui il reproche d'avoir calomnié la « vile matière » au profit de l'être suprême imaginaire qui est Dieu, d'avoir prêté tous les défauts à la matière et toutes les qualités à Dieu. Il entend remettre les choses à leur place en affirmant que les qualités de vie, de pensée d'intelligence que les théologiens attribuent à Dieu, sont en réalité déjà celles de la matière. Il rejoint ainsi le monisme cosmique des philosophes grecs présocratiques et le monisme animiste des stoïciens, (p. 186-193).

C'est également un intransigeant matérialisme que professe Lénine (1870-1924) contre l'idéalisme, dans *Matérialisme et Empiricocriticisme* (1909). A l'idéalisme défini comme la doctrine « qui prétend que le monde n'est que ma représentation », il oppose le matérialisme, défini de façon tout à fait inverse, comme la doctrine « selon laquelle le monde existe indépendamment de la connaissance que l'homme en prend ». Mais cette définition est très exactement celle du réalisme. Or, après avoir donné ce premier sens du matérialisme, Lénine glisse vers un second sens très différent selon lequel « la matière est première, et produit la conscience ». De ce second sens, il découle que la matière est le seul Être, que le monde est incréé, et qu'il n'y a pas de Dieu. Ainsi Lénine confond les deux sens du mot « matérialisme », le premier qui est de l'ordre de la connaissance où il est synonyme de « réalisme », et le second qui est de l'ordre de l'être où est affirmée l'unicité de la matière, l'unicité de l'Être (comme chez Parménide). Lénine confond donc « l'ordre méthodologique » et « l'ordre ontologique », il « passe constamment du problème de la connaissance au problème de l'être, sans prévenir » (p. 181-182).

C'est encore le matérialisme que défend tout le courant positiviste et scientiste. Pour ce courant qui est celui du positivisme du premier Auguste Comte (1798-1857) et de « son petit neveu » le néo-positivisme », ainsi que celui du scientisme qui lui ressemble « comme un frère jumeau », seul existe le monde physique qui épuise la totalité de l'Être - ce qui rejoint la thèse de Parménide. A la suite de Kant, ce courant commence par affirmer que seul le monde physique est connaissable, pour en déduire un peu rapidement que seul ce monde physique existe : on passe ainsi de la méthodologie à l'ontologie (p. 301) - comme le fait notamment Lénine.

Le même paralogisme se retrouve chez les modernes. C'est ainsi qu'en 1970 Jacques Monod, dans *Le Hasard et la Nécessité*, note que « depuis le début du XVIIIe siècle, la science se détourne de plus en plus de la recherche de la finalité de la nature. Il en déduit qu'en réalité il n'y a aucun projet dans la nature, et donc aucune intelligence créatrice ni organisatrice ». Ainsi, comme les positivistes, ne fait-il que passer de la méthodologie à l'ontologie (p. 262). Ce postulat est également celui du néo-positivisme et du néo-nominalisme qui se retrouve dans toute la philosophie analytique, notamment chez les illustres représentants du « Cercle de Vienne ». En tout état de cause, pour tous les matérialistes, le monde physique ne saurait procéder d'une création.

Enfin un dernier « matérialisme athée » mérite d'être signalé, celui de Freud (1856-1939) et de la psychanalyse. En effet Freud (comme Nietzsche d'ailleurs, comme Bakounine, comme Marx aussi, et bien d'autres) a fait le procès d'un faux christianisme, non seulement d'une caricature du christianisme, mais de ce qui est le contraire même du christianisme, à savoir une religion de la culpabilité et du péché originel qui doit beaucoup plus à la gnose et à Luther qu'au Christ lui-même.

Paragraphe 2 : LA VISION CREATIONNISTE DU MONDE

Claude Tresmontant qui a exploré la « vision créationniste » dans toute son œuvre, y revient plus particulièrement dans son ouvrage de 1989, *Les Métaphysiques principales*. Propre à la pensée hébraïque et à la pensée chrétienne, la « vision créationniste » implique la réalité et l'intelligibilité du monde (I) ainsi que l'union de l'âme et du corps (II).

I – LA REALITE ET L'INTELLIGIBILITE DU MONDE

Déjà affirmées dans la pensée hébraïque (A), la réalité et l'intelligibilité du monde, c'est-à-dire sa rationalité, sont entièrement confirmées par la pensée chrétienne (B).

A – LA RATIONALITE DU MONDE DANS LA PENSEE HEBRAÏQUE

Les anciennes théogonies postulent un chaos originel dans lequel les dieux se massacrent : « c'est la naissance de la tragédie » (p. 221). Dans la pensée hébraïque au contraire, Dieu est l'auteur d'une création intelligente et libre. La matière existe réellement, elle n'est pas imperméable à la pensée puisqu'elle a été créée, puisqu'elle est l'œuvre d'une pensée créatrice (p. 225-226). On trouve, dans la pensée hébraïque, « l'affirmation constante de la réalité et de l'excellence de l'ordre cosmique, physique et biologique ». Cependant tout le réel « est non seulement imprégné de pensée et d'intelligence mais, bien plus, (il) est constitué, formé par une pensée créatrice ». Ainsi les êtres vivants sont « constitués par des messages, c'est-à-dire par de l'information, c'est-à-dire par de la pensée et de l'intelligence » (p. 226). « Le réel existe indépendamment de ma pensée, et il est intégralement intelligible » (p. 227).

En affirmant la création du monde, la pensée hébraïque s'oppose à toutes les anciennes théogonies pour dédiviniser et désacraliser le monde : les astres ne sont pas divins, le Soleil et la Lune ne sont pas deux grandes divinités, mais seulement deux « luminaires » créés par Dieu, « celui du jour, le grand luminaire, et celui de la nuit, le petit luminaire », comme l'enseigne la Genèse.

Le monde ne provient pas d'un chaos originel ni d'une chute, mais d'un don. La création procède d'un don, d'une grâce divine. Il s'agit d'une caractéristique essentielle de la création. En effet, si le monde se confond avec Dieu, il ne peut résulter d'un don, il ne doit rien à personne, il se suffit parfaitement à lui-même. C'est pourquoi un don est peut-être ce « qui a tant gêné des métaphysiciens comme Plotin, Proclus, Damascius, Spinoza, Kant, Fichte, Schopenhauer, Nietzsche, Heidegger et d'autres : à savoir que nous avons tout reçu par don et que nous recevrons tout par don et grâce ». La métaphysique de l'Un et de l'identité est une « métaphysique de la suffisance », alors que la métaphysique du don est une « métaphysique de l'insuffisance » « puisque nous recevons tout par don, et que nous nous suffisons en rien » (p. 248).

De ce don résultent la réalité et l'intelligibilité du monde. On mesure toute la distance avec le paganisme dont l'essence est de supposer l'Univers issu du Chaos, sans « cause première intelligente ni fin intelligible ». Au contraire « le monothéisme hébreu est la conscience de cette causalité », c'est pourquoi il est « un rationalisme intégral » (p. 238). Or ce don est un acte d'amour : « l'acte d'aimer et l'acte de créer coïncident » (p. 269). Il s'agit d'une découverte essentielle que l'on ne trouve ni chez Platon ni chez Aristote : « la métaphysique des Hébreux apparaît seule dans l'histoire des métaphysiques à avoir fait cette découverte » (p. 272).

Or, de la découverte hébraïque, la pensée chrétienne devait tirer toutes les conséquences.

B – LA RATIONALITE DU MONDE DANS LA PENSEE CHRETIENNE

Le monde existe réellement et il est intelligible puisque créé par Dieu. La pensée chrétienne n'a fait que confirmer et développer cette conception hébraïque de la création : « l'ontologie et la théorie de la connaissance de saint Albert le Grand, saint Bonaventure, saint Thomas, le bienheureux Duns Scot affirment que le réel existe indépendamment de ma pensée, - et il est pleinement intégralement intelligible » (p. 227) - le Concile de Vatican I, en 1870, réaffirmera la légitimité de la raison dans la connaissance de l'homme, du monde et de Dieu.

Dans *Problèmes du Christianisme* (Editions du Seuil, 1980, « Le christianisme et la raison », p. 189-196), Claude Tresmontant rappelle que c'est Guillaume d'Occam qui, au XIVe siècle, a mis en doute la doctrine de l'intelligibilité du monde, suivi en cela par Martin Luther. Celui-ci rejette la possibilité d'une connaissance rationnelle de Dieu en reprenant l'épistémologie nominaliste de Guillaume d'Occam qui récuse à l'intelligence tout accès à la connaissance métaphysique - ce qui confirme sa théologie gnostique du péché originel, celle de la corruption de la raison (comme de toute la nature humaine) (p. 189). Pour Luther, l'existence de Dieu est une question de foi qui échappe à la raison humaine. Or, pour la doctrine chrétienne, la raison est capable de rendre compte du « fait de la révélation » ainsi que le réaffirme le pape Pie IX, dans son encyclique du 9 novembre 1846 se référant à Saint Paul (p. 190). Déjà le concile de Trente (1545-1563), dans son « décret sur la justification » (1547), avait réaffirmé, contre Luther, que le péché originel n'avait nullement corrompu l'action de l'homme, ni sa liberté, ni sa raison.

Il en résulte que la science n'est pas étrangère, encore moins contraire aux choses divines et notamment au problème de la création. Au contraire la science expérimentale explore le monde créé qui est l'œuvre de Dieu, elle est donc le commencement de la vie contemplative (comme l'avait déjà affirmé Saint Thomas d'Aquin) (p. 191). C'est ainsi que l'astrophysique nous fait connaître l'Univers. Depuis le début du XXe siècle (les grandes découvertes qui commencent en 1927), elle nous apprend que l'Univers a eu un commencement, qu'il subit une usure, et qu'il connaîtra une fin - ce qui concorde parfaitement avec la doctrine chrétienne de la Création. « Donc, nulle part il n'existe de conflit ni réel ni possible entre les sciences expérimentales et la théologie » (p. 194).

Non seulement la Création est bien réelle et intelligible, mais en plus elle résulte d'un don gracieux, d'un acte d'amour, d'un acte volontaire et libre de Dieu, comme le prouvent toute la vie et la mort du Christ. Ainsi le monde ne provient pas d'un chaos originel, d'une chute, pas plus qu'au niveau humain l'âme n'aurait été victime d'une chute dans le corps.

II – L'UNION DE L'ÂME ET DU CORPS

Présente dans la pensée hébraïque (A), l'union de l'âme et du corps est un socle de la pensée chrétienne (B).

A – L'UNION HEBRAÏQUE DE L'ÂME ET DU CORPS

La conception hébraïque s'oppose à celle de nombre de théogonies qui ont recours au thème de la chute d'après lequel l'âme universelle connaîtrait une parcellisation, une fragmentation. C'est la « théorie de la diversification » d'après laquelle « l'âme universelle s'individualise en descendant dans les corps particuliers » - thème que l'on trouve déjà dans le brahmanisme (p. 227).

En réalité l'âme humaine est créée, elle n'est pas une parcelle de la substance divine, elle ne préexiste pas au corps, elle n'est pas victime d'une chute dans le corps. La pensée hébraïque s'oppose donc à toute la tradition orphique, pythagoricienne, platonicienne, gnostique, selon laquelle l'âme est divine par nature, elle serait sortie de la substance divine au cours d'une chute et devrait retourner à cette substance divine sous certaines conditions (p. 60).

B – L'UNION CHRETIENNE DE L'ÂME ET DU CORPS

La pensée hébraïque affirme que l'âme est créée et qu'elle est inséparable du corps. Cette thèse est réaffirmée dans la doctrine chrétienne chez les Pères de l'Eglise.

A la suite de Saint Justin, Saint Irénée de Lyon rejette « la doctrine orphique et platonicienne selon laquelle l'âme serait immortelle parce qu'incréée ». De son côté Méthode d'Olympe, dans son Dialogue *sur la Résurrection*, affirme, à l'encontre d'Origène, que

« l'homme, par nature, ce n'est ni l'âme sans le corps, ni le corps sans l'âme » mais la synthèse composée des deux (p. 110) - thèse qui se rencontre également chez Cyrille de Jérusalem dans sa réfutation des gnostiques, chez Grégoire de Nysse pourtant nourri de la doctrine d'Origène, chez Epiphane dans son *Panarion*, chez Saint Jérôme, enfin chez Saint Augustin (p. 111).

Les conciles eux-mêmes s'opposent constamment à la doctrine de la préexistence et de la divinité de l'âme, réfutant la pensée d'Origène exposée dans son *Traité des Principes* de l'an 230, ainsi que le fait, dès l'an 400, le concile de Tolède, en 543 le synode de Constantinople, puis en 553 un concile particulier tenu à Constantinople, en 561 le concile de Braga. Ainsi, dès le début, l'Eglise a toujours réhabilité le corps et « l'excellence de l'ordre biologique » contre tous les courants qui voulaient le disqualifier qu'ils soient origénistes, gnostiques, manichéens, puis cathares au XIIe siècle (p. 112).

En effet l'union de l'âme et du corps doit être conçue à l'image de l'union du Christ à Dieu, union « sans confusion, sans mélange, sans séparation » selon les termes du concile de Chalcédoine de 451. Cette union de l'homme véritable à Dieu est confirmée par le concile de Constantinople de 681 qui précise qu'elle résulte de « deux opérations, deux libertés, deux volontés ». Cette union ainsi définie est la conséquence directe de la Création.

SECTION 2 : UNE VISION CHRETIENNE DU MONDE

Claude Tresmontant a voulu élaborer une « métaphysique expérimentale », c'est-à-dire instruite des données de la science, pour aborder les grands problèmes de l'existence de Dieu ou de la création du monde. Il entend s'opposer à la « métaphysique *a priori* » qui, de Parménide à Heidegger, en passant par Leibniz, Wolff et Kant, partait d'un principe posé *a priori*, pour en déduire, logiquement, une cascade de concepts, en tournant ouvertement le dos aux données de l'expérience et de la science. Or ces données concordant parfaitement avec le texte judéo-chrétien, il n'est pas étonnant que la « métaphysique expérimentale » de Tresmontant se situe dans le cadre d'une « philosophie chrétienne » (*Paragraphe 1*) débouchant sur une « psychanalyse chrétienne » (*Paragraphe 2*).

Paragraphe 1 : UNE PHILOSOPHIE CHRETIENNE

Claude Tresmontant présente la philosophie chrétienne comme étant éminemment personnaliste (I). En outre il rend hommage à Blondel et à Laberthonnière pour avoir recherché la vérité dans le cœur de l'homme, dans son action concrète - ce qui lui a permis d'élaborer une véritable « psychanalyse chrétienne » (II).

I – UNE PHILOSOPHIE PERSONNALISTE

La Création provenant d'un don qui est Amour, fait toute sa place à la personne humaine comme valeur fondamentale. La pensée chrétienne prolonge encore la pensée hébraïque, en rejetant la « théorie de la diversification » d'après laquelle l'âme humaine ne serait qu'une parcelle de « l'âme universelle ». L'âme n'est pas une parcelle de la divinité, elle n'a pas été victime d'une chute dans cette matière qu'est le corps. Pour la pensée hébraïque et chrétienne, l'âme, comme le corps, a été créée, elle ne saurait connaître une chute dans le corps.

Ce n'est certes pas la conception de Descartes qui reprend les vieux mythes du chaos originel et de la chute qu'il avait trouvés chez Platon : l'âme qui est divine est tombée dans le corps qui est purement matériel, qui est une « machine » ; à la mort, lorsque le corps ne remplit plus ses fonctions, l'âme le quitte, Descartes dit presque que « sans corps, il n'y a plus d'âme ». C'est l'opposé même de la pensée chrétienne si bien exprimée par Saint Thomas : « sans âme, il n'y a plus de corps ».

Or, si l'âme est une parcelle de la divinité, cette « théorie de la diversification » ou plutôt de « la fragmentation » est la négation même de la notion de personne. Au contraire, dans la perspective chrétienne, l'âme étant créée par un don gracieux de Dieu, peut participer à la création dont elle est issue puisque l'homme a été fait « à l'image et à la ressemblance de Dieu ». C'est ainsi que, pour Saint Paul, l'homme peut coopérer librement et intelligemment à l'œuvre de Dieu, même les païens peuvent le faire puisque la volonté de Dieu est « inscrite dans leur cœur » : telle est la destination finale de l'homme qui justifie cette « théorie de la personne » à laquelle Maurice Blondel a consacré son œuvre. La liberté est donc inséparable de la personne, elle implique la diversité et la différence des personnes, car il n'y a que des êtres libres pour être différents les uns des autres.

Ainsi, dans le prolongement de la pensée hébraïque, la pensée chrétienne contient une métaphysique, une ontologie, une cosmologie, une anthropologie de la création et une éthique de la liberté. Le monde a été créé par un don d'amour, libre, réel et intelligible ; l'homme a été fait à l'image de Dieu pour participer, apporter son concours, dans l'amour, à cette création libre, réelle et intelligible. Telle est la conception chrétienne du monde et de la place de l'homme dans le monde.

Cette « philosophie personnaliste » débouche sur une « psychanalyse chrétienne » qui à la différence de la psychanalyse freudienne, n'est pas négation de la liberté, mais au contraire affirmation de la liberté.

II – UNE « PSYCHANALYSE CHRETIENNE »

Naguère Paul Ricœur avait rendu hommage à Nietzsche, Marx et Freud pour avoir élaboré des « philosophie du soupçon » c'est-à-dire de la dénonciation des illusions, de la « désaliénation », et, par conséquent de la prise de conscience et de la libération. Tresmontant est plus radical, va encore plus loin, dans la mesure où il introduit le soupçon chez les « maîtres du soupçon » eux-mêmes. Il se livre donc à une véritable « psychanalyse de la psychanalyse ». Sa quête se rapprocherait le plus d'une « psychanalyse de la connaissance » à la manière de Bachelard (A) ; elle s'en sépare cependant sur le problème de la religion que Bachelard avait écarté de sa recherche, alors que Tresmontant lui confère un rôle moteur et directeur depuis son renouvellement par le judéo-christianisme - ce qui explique qu'il ait pu élaborer une psychanalyse de l'action montrant comment Dieu peut agir en nous (B) - cette nouvelle psychanalyse n'étant rien de moins qu'une « psychanalyse de la psychanalyse » (C).

A – UNE PSYCHANALYSE DE LA CONNAISSANCE

Tresmontant s'est livré à une véritable « psychanalyse de la connaissance » fort proche de celle élaborée naguère par Bachelard pour purifier la connaissance de tout anthropomorphisme et de tout anthropocentrisme, notamment lorsqu'elle investit les vieux thèmes de l'eau, de la terre, de l'air et du feu, les quatre éléments d'Aristote.

A cet égard la « psychanalyse de la connaissance » de Tresmontant apparaît comme étant encore beaucoup plus radicale que celle de Bachelard qui dénonce l'anthropomorphisme et l'anthropocentrisme, voire l'animisme de la connaissance empirique, mais sans jamais les rapporter au phénomène religieux qui joue pourtant, ici, un rôle déterminant - ce qui doit être attribué au climat foncièrement anti-religieux de la science et de la philosophie de son époque. Au contraire le caractère religieux de « l'illusion anthropomorphique » est au centre de la psychanalyse de Tresmontant puisque cette illusion est nourrie par le refus, en dernier ressort, d'un Dieu créateur du monde, d'un Dieu d'amour et de miséricorde - or le refus d'un tel Dieu est encore la justification de la « divinité archaïque », de la « divinité persécutrice ». A cette divinité sont rattachés les plus viles tendances, les désirs les plus abjects, ceux qui ont le plus dégradé l'homme. Or cette « psychanalyse de la connaissance » débouche sur une « psychanalyse de l'action » qui en est le prolongement nécessaire.

B – UNE PSYCHANALYSE DE L'ACTION

En recherchant, dans la religion, dans la philosophie et dans la science, les traces du « modèle non-créationniste », Claude Tresmontant a édifié, selon sa propre expression, une véritable « psychanalyse scientifique ». Mais, à la différence de celle de Bachelard, la psychanalyse scientifique de Tresmontant, doit être également qualifiée de « chrétienne ».

Claude Tresmontant a en effet découvert, dans l'œuvre de Maurice Blondel et de Lucien Laberthonnière, une

« doctrine de l'inconscient » (1-) qui repose sur ce qu'on a pu appeler la « méthode d'immanence » (2-).

1 – Une « doctrine de l'inconscient »

Tresmontant a admirablement développé et explicité la thèse d'une « psychanalyse chrétienne » qu'il redécouvre dans l'œuvre de Maurice Blondel et dans celle du Père Lucien Laberthonnière, ainsi que dans la correspondance de ces deux esprits qu'il a eu l'heureuse initiative de publier (*Correspondance philosophique Maurice Blondel - Lucien Laberthonnière*, Editions du Seuil, 1961). Tresmontant a pu dire que l'on trouvait, chez Blondel une « doctrine de l'inconscient », même si elle est très différente de celle de Freud. Car « la forme d'inconscience » révélée par Blondel « est en fait le résultat d'un processus subtil par lequel l'homme se masque à lui-même les propres desseins de son cœur ». La prise de conscience à laquelle est invité le chrétien ne fait que suivre « le précepte de l'Evangile : il n'y a rien de caché qui ne doive être manifesté » (Cl. Tresmontant, *op. cit.*, Introduction p. 25, note 15). Cette quête est déjà celle que préconisait Saint Paul dans son *Epitre aux Romains*, ainsi que l'a montré Maurice Blondel, nous invitant à percer « les secrets du cœur » dont parle la Bible. Claude Tresmontant souligne que « dans l'immanence de la conscience, l'homme peut discerner le fondement, les principes et les exigences insérés, dans la création même, par celui qui est transcendant » (p. 24). C'est précisément cette quête des « secrets du cœur » qu'a entreprise Maurice Blondel en opérant « au niveau de ce qui est partiellement inexplicite, partiellement plongé dans le clair-obscur des vouloirs innommés » (p. 25) - tel est ce qu'on a pu appeler la « méthode d'immanence ».

2 – La « méthode d'immanence »

Dans son grand ouvrage *L'Action* de 1893 qui est sa thèse de doctorat, Blondel a bien résumé le principe de la « méthode d'immanence » par la formule suivante : « Ce n'est pas hors de l'homme, c'est en l'homme qu'il faut chercher le secret jugement de l'éternité » (p. 26). Cette méthode nous conduit à accepter, voire à adopter le point de vue de l'autre, en se « mettant dans sa peau ». Ainsi a agi Saint Paul lorsqu'il est allé à la rencontre des Grecs sur l'agora d'Athènes. Il ne pouvait alors invoquer les Ecritures, comme il le faisait lorsqu'il s'adressait aux Juifs dans les synagogues. Il fallait qu'il trouve un langage approprié à ses nouveaux interlocuteurs. Comme il avait été frappé et même irrité, à Athènes, par le nombre d'idoles dont la ville était pleine, il leur tint ce langage : « Athéniens, vous êtes les plus religieux des hommes… Car en passant, et en admirant vos monuments sacrés, j'ai même trouvé un autel sur lequel était inscrit AU DIEU INCONNU ; Eh bien ! ce que sans le connaître vous adorez, c'est cela que moi je viens vous annoncer ». Il ne s'agit donc pas, commente Blondel, de partir de la révélation, mais de l'homme concret pour découvrir « ce qu'implique et inclut son agir, son vouloir, sa pensée et son être » (p. 28). De même, lorsque Saint Paul dit en substance « Je ne fais pas le bien que je veux, et je fais le mal que je ne veux pas », il en conclut : « ce n'est plus moi qui fais cela, mais le péché qui habite en moi » (p. 29), ce qui veut dire que le charnel a pris, en moi, le dessus sur le spirituel, mais je sais que le spirituel vaut mieux que le charnel, et qu'il est présent au fond de mon cœur. Ce qui rend possible la « méthode d'immanence », c'est donc l'existence d'une « pierre d'attente », d'une « préadaptation à une fin surnaturelle » (p. 31). Cette méthode n'est pas un « immanentisme » d'après lequel la vérité serait en nous « un écheveau préalablement formé » et qu'il suffirait d'expliciter un implicite tout constitué. Elle doit aboutir à une doctrine de la transcendance. Il faut trouver le « point de convergence » du naturel et du surnaturel, dévoiler « l'immanence de l'action de Dieu qui opère en nous » (p. 36).

En somme la « psychanalyse chrétienne » consiste à apprendre aux hommes à « savoir ce qu'ils font », à découvrir la vérité qui est au fond de leur cœur - ce qui est aux antipodes de la psychanalyse freudienne qui tombe, elle-même, sous les coups de cette nouvelle psychanalyse.

C – UNE « PSYCHANALYSE DE LA PSYCHANALYSE »

Tresmontant a détecté une faille, un vice, dans les courants religieux, philosophiques ou scientifiques les plus divers. Il n'est pas étonnant que ce soit le texte judéo-chrétien, qui lui ait permis de déceler ce symptôme, de faire cette découverte. Par là, il a pu renouveler la « psychanalyse de la connaissance » de Bachelard, et renverser la psychanalyse de l'inconscient de Freud.

En ce qui concerne la « psychanalyse de la connaissance » de Bachelard, il l'a élargie. Ce qui corrompt la connaissance, ce n'est pas seulement le modèle « humain, trop humain » de l'anthropomorphisme dénoncé par Bachelard, c'est ce modèle tel qu'il a été renforcé, déformé et sacralisé par une prétendue puissance surnaturelle qui se retrouve non seulement au cœur de la connaissance empirique, dite « vulgaire », mais aussi à l'origine même des grands systèmes philosophiques de Platon, Descartes, Spinoza, Kant, Hegel, Nietzsche ou Heidegger, mais aussi de Freud dont la psychanalyse véhicule toute une philosophie.

A la différence de la psychanalyse freudienne qui veut nous faire accéder à « ces secrets que je crains de savoir », la psychanalyse chrétienne veut nous faire découvrir ces secrets que je ne demande qu'à savoir, mais que mon égoïsme me cache. C'est peut-être en ce sens que Gabriel Marcel disait « l'égoïste ne s'aime pas trop, il s'aime insuffisamment ». Alors que la psychanalyse veut nous faire descendre jusqu'à ces prétendus « secrets » qui, finalement, ne sont que ceux du ressentiment, la psychanalyse chrétienne veut nous faire remonter jusqu'aux vrais secrets de la bienveillance, les « secrets du cœur » de la Bible.

Ainsi, à la lumière du texte judéo-chrétien, Tresmontant scrute les tréfonds du cœur humain, mais ce n'est pas une divinité persécutrice qu'il y découvre, c'est au contraire un Dieu de générosité et d'amour qu'on n'avait fait bien souvent qu'oublier. Il s'agit d'une véritable révolution tant épistémologique que théologique dont la pensée hébraïque fut l'initiatrice.

*
* *

Dans un entretien télévisé avec Marcel Brisebois, sur Radio-Canada, en 1988, lors de l'émission *Rencontres*, Claude Tresmontant, revient sur la pensée hébraïque qui est le point de départ de sa recherche et qui l'a occupé toute sa vie. La pensée hébraïque est le résultat d'une mutation dans l'histoire de la pensée et même de l'humanité. Le petit peuple hébreu, extrêmement fragile au milieu des grands Empires, aux confins desquels il occupe une place tout à fait marginale, fait figure de mutant, au sens biologique du terme. Il s'est trouvé placé dans une « zone germinale », celle qui était propice à la communication d'une information nouvelle, une

« information créatrice » que le prophétisme hébreu a communiquée, de façon continue, pendant vingt siècles. Avec cette nouvelle information, l'homme se met à penser autrement, à agir autrement, à être autrement. En quoi consiste cette information ? Elle nous apprend que l'univers n'est pas divin, elle opère donc une dédivinisation et une désacralisation du monde, et de tout ce qui nous entoure. Dieu a créé le monde par un don gracieux qui est un acte d'amour. Est ainsi annoncé l'avènement de l'homme nouveau qui doit régénérer l'humanité.

La divinisation et la sacralisation de la nature correspondaient à une vieille programmation qui était celle des religions archaïques à laquelle mettent fin le judaïsme et le christianisme. La mutation opérée par la pensée hébraïque est donc une déprogrammation de l'ancienne information au profit d'une programmation toute nouvelle, une information créatrice, la transformation de l'être de l'humanité, la sortie de la pré-humanité, « l'humanisation de l'homme ». Cette information transmise par les prophètes devait rencontrer l'opposition du peuple lui-même qui ne cessa de persécuter et de sacrifier les prophètes. Moïse lui-même échappe de justesse au sort qui est réservé aux prophètes : « Pour peu, ils vont me lapider » avoue-t-il. On assiste en effet toujours à la mise à mort de celui qui communique l'information nouvelle qu'il a reçue - comme le confirment, au plus haut point, la Passion et la Mort du Christ.

Chapitre 7

RENE GIRARD : L'ESPRIT DU CHRISTIANISME

La publication de *La violence et le sacré*, en 1972, fit l'effet, selon l'expression de Michel Treguer, d'un « pavé dans la mare », dans la mesure où, à une époque fondamentalement anti-religieuse, Girard plaçait la religion au centre de son propos pour en montrer le rôle générateur et directeur de la culture humaine, notamment comme « mode de gestion de la violence ». Il devait « enfoncer le clou », six ans plus tard, avec *Des choses cachées depuis la fondation du monde* où il établissait le plus clairement, à une époque non moins anti-chrétienne, que ce rôle revenait à la religion chrétienne, seule capable de donner les moyens efficaces et rationnels de lutte contre la violence, contre le sacrifice de victimes innocentes, et contre le sacré qui en procède – la suite de son œuvre ne faisant que développer et confirmer cette thèse (notre ouvrage *L'esprit du christianisme*, L'Harmattan, 2016).

A cet égard René Girard devait montrer comment les religions archaïques et la religion judaïque conduisent à la religion chrétienne (Section 1), même si elle est en nette rupture avec celles-ci (Section 2).

SECTION 1 : LA CONTINUITE DE LA RELIGION CHRETIENNE AVEC LA RELIGION JUDAÏQUE ET LES RELIGIONS ARCHAIQUES

Girard a toujours reconnu son admiration pour Darwin, voulant faire, dans le domaine de l'anthropologie, ce que Darwin avait fait dans celui de la biologie. Cette visée évolutionniste qui parcourt son œuvre, notamment *Je vois*

Satan tomber comme l'éclair de 1999, et *Celui par qui le scandale arrive* de 2001, trouve son point d'orgue dans *Les origines de la culture* de 2004. En intitulant l'Introduction à cet ouvrage « Une longue argumentation du début à la fin », Pierpaolo Antonnello et Joao Cezar de Castro Rocha reprennent la formule par laquelle Darwin avait, dans son *Autobiographie*, caractérisé son grand livre sur *L'origine des espèces* de 1859. Aussi n'est-il pas étonnant que Michel Serres (dans son discours de réception de René Girard à l'Académie française, en 2005) ait pu saluer en Girard « le Darwin de la culture » et, comme la religion est, selon Girard, au centre de toutes les cultures qu'elle commande d'ailleurs, on pourrait, tout aussi légitimement, saluer en lui, « le Darwin de la religion ».

Girard montre que les rapports des religions archaïques à la religion chrétienne sont des rapports de continuité (I), et qu'il en va de même pour la religion judaïque ainsi que l'atteste le passage de l'Ancien au Nouveau Testament (II).

I – DES RELIGIONS ARCHAIQUES A LA RELIGION CHRETIENNE : L'ESPRIT DU PAGANISME

Montrer la continuité du christianisme avec les religions archaïques a toujours été, depuis Celse (IIe siècle), premier anti-chrétien notoire, jusqu'aux modernes (Frazer, Eliade, Whitehead...), l'un des principaux arguments contre le christianisme. Aussi n'est-il pas étonnant que penseurs et théologiens chrétiens se soient souvent appliqués à démontrer le contraire ; ce en quoi, selon Girard, ils ont eu tort car le récit évangélique est bien en continuité avec les religions archaïques, mais pour les renverser complètement. En effet les religions archaïques avaient un sens chrétien, même s'il était caché, dissimulé et, sous sa forme la plus extrême, inversé. Ainsi Girard montre-t-il que les sacrifices ont un sens (A) et qu'il en va de même, en particulier, pour les « mythes de mort et de résurrection » (B).

A – LE SENS DES SACRIFICES

En mettant fin à la crise, en rétablissant provisoirement l'ordre et la paix, le sacrifice des religions archaïques était déjà une réponse à la violence. Car, sous les pratiques les plus inhumaines, les plus révoltantes, et en apparence les plus irrationnelles, les religions archaïques avaient quand même un sens : « contenir le déchaînement de la violence,… remplacer une possible violence généralisée par une violence moins grande, celle des sacrifices » (*Quand ces choses commenceront. Entretiens avec Michel Treguer*, Arléa, 1994, p. 125). Cette idée, Girard n'a cessé de l'approfondir, ce qui devait le conduire à effectuer une réhabilitation progressive du sacrifice : « … l'histoire sacrificielle tout entière, l'histoire morale et religieuse de l'humanité avant le christianisme, est une histoire sainte !... ça veut dire que les religions païennes étaient quand même un premier chemin vers Dieu, et que la pratique des sacrifices était bien une façon de contenir la violence à un niveau, non pas voulu, mais toléré par Dieu » (*Quand ces choses commenceront*, p. 167). Dans *Les origines de la culture* (*Entretiens avec Pierpaolo Antonnella et Joao Cezar de Castro Rocha*, Desclée de Brouwer, 2004) Girard précise que les religions archaïques et le christianisme reposent sur une structure de base qui leur est commune : la « vénération de la victime », c'est elle qui constitue « l'unité des religions » (p. 122), et un peu plus loin, il ajoute : « J'aimerais écrire une interprétation chrétienne de l'histoire de la religion, qui serait en fait une histoire du sacrifice. Je montrerais que les religions archaïques ont véritablement éduqué l'humanité, qu'elles l'ont sortie de la violence archaïque… On peut considérer toutes les religions archaïques comme le premier stade de la révélation progressive qui culmine dans le Christ » (p. 129). Il y a *une stratégie pédagogique de Dieu* « débutant avec la religion archaïque et allant vers la Révélation chrétienne » (p. 130). Girard procède donc, sinon à une réhabilitation, du moins à une justification du sacrifice : « il y a à la fois rupture et continuité entre le religieux archaïque, sacrificiel et la révélation biblique, qui nous fait émerger hors du sacrifice, mais ne nous autorise pas à condamner les sacrifices comme si nous étions, par nature, étrangers à la violence » (p. 132). Girard revient sur cette idée dans *Achever Clausewitz* lorsqu'il souligne que « la révélation chrétienne est venue confirmer toutes les religions… Elle *confirme* ce que ces religions ont entrevu… Les bénéficiaires des résurrections archaïques qui ramenaient le calme et l'ordre, étaient dans un rapport au divin qui était réel. Il y avait quelque chose de chrétien dans tous les mythes » (Introduction, p. 20) - notamment dans les « mythes de mort et de résurrection ».

B – LE SENS DES « MYTHES DE MORT ET DE RESURRECTION »

Montrer que le récit évangélique de la croix et de la gloire du Christ n'est qu'un « mythe de mort et de résurrection » tel qu'on les trouve en fort grand nombre dans les religions archaïques, a été l'un des thèmes privilégiés de l'anti-christianisme, depuis Celse. Les théologiens chrétiens, fort gênés par ce rapprochement, se sont efforcés de le récuser, et encore plus les théologiens modernes - tel Rudolph Bultmann - pour qui le progrès scientifique et technique ayant balayé ces mythes, il fallait montrer qu'ils étaient étrangers au christianisme. Or, selon Girard, le récit évangélique rapporte bien un « mythe de mort et de résurrection », mais pour lui donner une signification opposée à celle qu'ils ont dans les religions archaïques.

Il ne s'agit donc pas de « démythifier » les Evangiles, de montrer qu'ils n'ont rien à voir avec « les mythes de mort et de résurrection des religions archaïques » ainsi qu'a voulu le faire naguère Rudolf Bultmann pour qui ces mythes n'ont pas de sens, « au temps de l'automobile et de l'électricité » - et, à la suite de Bultmann, « tous les théologiens à la page *démythologisaient* les Ecritures à tour de bras » (*Je vois Satan tomber comme l'éclair*, Grasset, 1999, p. 61). Au contraire, ces mythes ont un sens, et les Evangiles ont bien à voir avec ces « mythes de mort et de résurrection », mais précisément pour montrer que leur mensonge cache une vérité, celle de la victime innocente. Refuser de reconnaître ces mythes pour ce qu'ils sont, c'est paradoxalement se mettre de leur côté, du côté des religions archaïques et des persécuteurs contre la victime innocente (*Je vois Satan...*, Introduction, p. 12). Dans *Achever Clausewitz* (*Entretien avec Benoît Chantre*, Carnets Nord, 2007, p. 20), Girard écrit : « en révélant l'innocence des victimes, la Passion rend positif ce qui dans les mythes était encore négatif : on sait dorénavant que les victimes ne sont jamais coupables. Satan devient alors le nom d'un sacré révélé et démonétisé par l'intervention du Christ ». Les Evangiles nous invitent à comprendre ces mythes en tant que mythes, c'est-à-dire à ne pas les faire disparaître, à conserver l'expérience qu'ils contiennent, mais à leur enlever ce qu'ils ont de négatif et de passif pour les réaliser dans ce qu'ils ont de positif et d'actif, à savoir la vérité de la victime innocente telle qu'elle se cache derrière le mensonge des persécuteurs, car « la Croix démystifie toute mythologie plus efficacement que les automobiles et l'électricité de Bultmann » (*Je vois Satan...*, p. 20).

La réponse des religions archaïques à la violence était donc une réponse incomplète et imparfaite, partielle et partiale, une réponse dégradée et démoniaque, par rapport à la réponse chrétienne, dénonciatrice du sacrifice, qui apparaît comme une réponse complète, parfaite, totale et objective, la réponse adéquate au divin, donc divine : seule la religion chrétienne a découvert la véritable vocation de la religion.

En révélant l'innocence de la victime, le christianisme a montré le mensonge des rites sacrificiels, ou plus exactement, il a montré que leur mensonge contenait une vérité qui est précisément celle de l'innocence de la victime : « toute démystification vient du christianisme » ou encore « le seul religieux vrai est celui qui démystifie les religions archaïques » (R. Girard, *Achever Clausewitz*, Introduction, p. 19). Ainsi le christianisme prolonge et renverse à la fois toutes les anciennes religions. Toute religion est vraie dans la mesure où elle prépare et annonce la religion chrétienne - ce qui est particulièrement net avec la religion judaïque.

II – DE LA RELIGION JUDAIQUE A LA RELIGION CHRETIENNE : « L'ESPRIT DU JUDAISME »

Tout en rappelant le rôle précurseur de l'Ancien Testament (A), Girard ne manque pas de souligner le rôle décisif du Nouveau Testament (B).

A – LE ROLE PRECURSEUR DE L'ANCIEN TESTAMENT

Le rôle précurseur de l'Ancien Testament, tel qu'on le trouve chez les Prophètes, Girard ne cesse de le rappeler, notamment dans ce passage extrait de *Quand ces choses commenceront* (p. 135) : « Les livres prophétiques juifs racontent souvent les souffrances subies par les prophètes. C'est bien pourquoi le Christ dit qu'il va mourir *comme les prophètes avant lui*. Il suffit de lire le récit de la mort du *Serviteur souffrant* dans le second Isaïe, ou celui des souffrances de Job, ou de celles de Jérémie, ou de l'aventure de Jonas, ou l'histoire de Joseph, pour voir que les boucs émissaires sont déjà là dans l'Ancien Testament ». Ce même rôle de l'Ancien Testament est particulièrement attesté par les « figures du Christ » (*figura Christi*), toujours reconnues par la doctrine chrétienne, et dont Girard souligne l'importance comme des anticipations de la révélation du mécanisme victimaire.

A cet égard Girard montre toute la différence qui existe entre l'Ancien Testament où « la victime innocente apparaît pour la première fois » et le récit mythique qui « confirme toujours la culpabilité du héros » (R. Girard, *Les origines de la culture*, p. 108-109) : dans ce dernier, la victime est reconnue coupable et les persécuteurs sont justifiés, ce qui n'est plus le cas dans l'Ancien Testament.

Déjà, dans *Des choses cachées depuis la fondation du monde*, Girard avait pris l'exemple initial de l'histoire de Caïn. Celui-ci tue son frère Abel, « et la communauté caïnite est fondée » (p. 208-212). Un parallèle peut être établi entre cette histoire et celle de fondation de Rome, le meurtre de Rémus par son jumeau, Romulus. Les deux mythes semblent identiques, et pourtant une différence essentielle les sépare : Romulus est justifié par les divinités, glorifié par la postérité, au contraire Caïn est fortement réprouvé par Yahvé *Où est ton frère Abel ?... Ecoute le sang de ton frère crier vers moi du sol.*

Girard donne ensuite l'exemple particulièrement instructif de Job, victime d'un véritable « procès en sorcellerie » (*La route antique des hommes pervers*, Grasset, 1985). Girard oppose l'histoire de Job au mythe d'Œdipe : tout le monde, et Œdipe lui-même, est convaincu de sa culpabilité parricide et incestueuse (comme le sera encore Freud, quelque temps après). L'histoire de Job commence un peu de la même façon que celle d'Œdipe : les accusations portées contre lui n'ont pour but que de retrouver « l'unanimité fondatrice », pour « blanchir la communauté en noircissant le bouc émissaire » (p. 166), afin que « la voix de la communauté ne (fasse) qu'un avec la voix de dieu lui-même : *vox populi, vox dei* (p. 194) : ce rôle est celui de Satan, l'accusateur, mais aussi de la foule persécutrice, de toutes les personnes qui gravitent autour de lui, comme les « faux amis » de Job. Mais, à la différence d'Œdipe, Job refuse de reconnaître sa prétendue culpabilité, il clame son innocence, rejette les accusations portées contre lui. Aussi n'est-il pas étonnant que Job préfigure le *Paraclet*, « l'avocat des victimes ». Ainsi les imprécations de Job contre Dieu, ne sont pas des blasphèmes, comme le pensait Claudel : Job ne fait que rejeter le « Dieu des bourreaux » au nom du « Dieu des victimes » - ce qui fait dire à Dieu : « mon serviteur Job a bien parlé de moi » (p. 212-213). C'est pourquoi Girard peut opposer diamétralement Job à Œdipe, il peut le comparer à une sorte d'Œdipe inversé qu'il décrit ainsi : « Imaginons un Œdipe irréductible et qui se moquerait de la fatalité, et surtout du parricide et de l'inceste ; un Œdipe qui persisterait à traiter les oracles de sinistres pièges à boucs émissaires. Ce qu'ils sont, indubitablement. Il aurait tout le monde contre lui, les hellénistes, Heidegger, Freud et derrière eux toute l'université. Il faudrait le tuer sur place ou l'enfermer dans un hôpital psychiatrique pour refoulement insurmontable » (p. 71). Or le procès de Job se rapproche singulièrement de celui du Christ : Job est reconnu comme une *figure du Christ*. Faut-il en déduire qu'il n'est pas étonnant que le Christ lui-même ait eu contre lui « les hellénistes, Heidegger, Freud et derrière eux toute l'université » ?

Un autre exemple est celui de l'histoire de Joseph que Girard avait déjà pris dans *Des choses cachées...*, et sur lequel il revient dans *Les origines de la culture* (tout comme il le fera pour l'épisode du « jugement de Salomon »). Joseph représente le type parfait de bouc émissaire : il a contre lui tous ses frères jaloux, donc toute la foule persécutrice. Un récit mythique aurait convaincu Joseph de sa culpabilité, il aurait pris le parti des frères contre Joseph. L'Ancien Testament fait le contraire : en montrant que Joseph joue le rôle de bouc émissaire, il l'innocente et le réhabilite. Ainsi Joseph est lui aussi une *figure du Christ*.

Un nouvel exemple est, dans le *Jugement de Salomon*, celui de la « bonne mère », la vraie qui, à la différence de la « mauvaise mère », la fausse, est prête, pour faire cesser la « rivalité mimétique » (le *règne de Satan*), à renoncer à son enfant pour le sauver, ce qui rejoint le vrai « sacrifice chrétien » : donner sa vie pour l'autre - ce qui fait de la bonne mère une nouvelle *figure du Christ* (*Les origines de la culture*, « Le jugement de Salomon et l'espace non sacrificiel », p. 126-130).

Un autre exemple donné par Girard est celui du Serviteur souffrant qui présente les traits caractéristiques de la victime émissaire (les « signes préférentiels de sélection victimaire ») qui ont permis sa sélection, car cette personne « n'est pas comme les autres », tel le *Serviteur souffrant* du second Isaïe qui *n'avait ni beauté, ni éclat..., méprisé et abandonné des hommes, il était semblable à ceux dont on détourne le regard* (R. Girard, *Celui par qui le scandale arrive. Entretiens avec Maria Stella Barberi*, Hachette, 2001, p. 88).

L'Ancien Testament donne déjà non seulement d'excellents exemples de boucs émissaires, mais il anticipe également le fonctionnement du « mécanisme victimaire ». En outre il s'efforce de prévenir le déclenchement de la violence, en réduisant la « rivalité mimétique ». Ainsi René Girard (*Je vois Satan tomber...*, p. 24) a montré que les *Dix Commandements* étaient conçus de façon à toujours réduire, sinon éliminer, la « rivalité mimétique » - ce qui est patent avec la référence au « voisin », au « prochain », qui trouve son point d'orgue dans le dixième et dernier commandement :

Tu ne convoiteras pas la maison de ton prochain, ni sa femme, ni son serviteur, ni sa servante, ni son bœuf, ni son âne, ni rien de ce qui est à lui (*Ex.* 20, 17).

Et c'est toujours dans une perspective d'apaisement et de réconciliation qu'il dénonce l'injustice des puissants, ainsi que l'atteste ce passage d'Isaïe, rappelé par Michel Villey (*Questions de Saint Thomas sur le droit et la politique*, P.U.F., 1987, p. 70) :

Malheur à ceux qui font des lois iniques et aux scribes qui ont écrit des injustices pour opprimer les pauvres en tribunal et faire violence à la cause des humbles de mon peuple.

Le rôle précurseur de l'Ancien Testament avait déjà été particulièrement mis en lumière par Ernest Renan dans sa conférence « Le judaïsme comme race et comme religion » (Cercle Saint-Simon, 27 janvier 1883, in S. Sand, *De la Nation et du peuple juif chez Renan*, L.L.L., 2009, p. 87-122). Dans son intervention, Renan s'efforce de montrer que le judaïsme n'est pas, comme beaucoup d'autres religions antiques, une religion « nationale », mais déjà une religion « universelle ». Il reconnaît que « la religion d'Israël, elle aussi, a sans doute été bien longtemps une religion égoïste, intéressée, la religion d'un Dieu particulier, Yahvé ». Mais tout change avec les prophètes, notamment Isaïe qui vient dire : « Les sacrifices sont inutiles ; Dieu n'y prend aucun plaisir. Comment pouvez-vous avoir une idée aussi basse de la Divinité pour ne pas comprendre que ces odeurs de graisse brûlée Lui font mal au cœur ? Soyez justes ; adorez Dieu avec des mains pures ; voilà le culte qu'Il réclame de vous ». Désormais la religion d'Israël fait place au bien, à la justice, à la morale, à l'universel : « Voilà une apparition unique dans le monde, celle de la religion pure » (p. 95). Renan ajoute : « Isaïe a précédé Jésus de sept siècles... Ainsi l'idolâtrie disparaîtra du monde, elle disparaîtra par le fait du peuple juif... » (p. 97).

Ainsi la religion hébraïque marque, dans l'histoire des religions une étape fondamentale, un tournant décisif, celui où le « mécanisme victimaire » cesse de régner en maître absolu, parce qu'il est suspecté, remis en cause dans la mesure où il commence à être reconnu, son « arrêt de mort » (dans tous les sens du terme) est signé. La religion hébraïque inaugure « l'ère du soupçon » que la religion chrétienne transformera en preuve irréfutable - tel est peut-être le véritable « esprit du judaïsme » : annoncer le rôle décisif du Nouveau Testament.

B – LE ROLE DECISIF DU NOUVEAU TESTAMENT

Il ne fait nul doute que, dans le passage des religions archaïques à la religion chrétienne, le passage de l'Ancien au Nouveau Testament soit un moment privilégié. Au départ ce passage est imperceptible, puisqu'à l'origine des persécutions, juifs et chrétiens étaient confondus comme sectateurs d'une même « idolâtrie ». D'ailleurs la doctrine chrétienne a toujours affirmé que l'Ancien Testament prépare et annonce le Nouveau. Girard confirme parfaitement cette idée en montrant que le « mécanisme victimaire » est déjà entrevu, soupçonné par l'Ancien Testament, même s'il ne sera véritablement détecté, révélé et confondu dans toute son ampleur que par le Nouveau.

Selon Girard, la religion judaïque fait la transition entre les religions archaïques et la religion chrétienne. En effet, de même qu'il y a à la fois continuité et rupture entre les religions archaïques et la religion judaïque, il y a à la fois continuité et rupture entre l'Ancien et le Nouveau Testament. L'Ancien Testament est en continuité avec les religions archaïques chaque fois qu'il fait l'apologie de la violence, des guerres, des représailles, de la vengeance, chaque fois qu'il présente Yahvé comme un Dieu jaloux, vengeur, irascible, qui frappe les Hébreux ; il est en rupture chaque fois qu'il préconise la réconciliation entre les hommes, la recherche de la paix, le pardon des offenses, l'amour du prochain, chaque fois qu'il présente Yavhé comme un Dieu bon et miséricordieux, défenseur des faibles, libérateur des esclaves, qui relève son peuple lorsqu'il revient vers lui. Autrement dit le Nouveau Testament est en rupture avec l'Ancien Testament chaque fois que celui-ci est en continuité avec les religions archaïques, et vice-versa. Dans ce dernier cas, le Nouveau Testament est bien annoncé et préparé par l'Ancien : Girard ne fait que confirmer ce processus avec le dévoilement du mécanisme victimaire dont l'initiative revient à l'Ancien Testament et l'achèvement aux Evangiles. Car le peuple juif est l'incarnation des souffrances de l'humanité et donc de la violence telle qu'elle est souvent exprimée dans l'Ancien Testament, mais il prépare également le retournement de cette violence par sa qualité de « peuple élu » donc expulsé, par son rôle de bouc émissaire. Cependant le retournement de la violence ne sera effectif qu'avec la Passion, la mort et la résurrection du Christ. Alors, accordons à Renan que « Isaïe a précédé Jésus de sept siècles », à condition d'ajouter « ... avec la Passion, la mort et la résurrection en moins, c'est-à-dire avec tout ce qui fait le Christ et le christianisme ». Car l'accession à une religion véritablement et purement non-sacrificielle ne sera effectuée qu'avec la religion chrétienne qui, à cet égard, est en rupture tant avec les religions archaïques qu'avec la religion judaïque.

SECTION 2 : LA RUPTURE DE LA RELIGION CHRETIENNE AVEC LES RELIGIONS ARCHAIQUES ET LA RELIGION JUDAÏQUE

En dévoilant le mécanisme victimaire, l'avènement et la Passion du Christ marquent « l'accomplissement des temps » (I) qui érigent la religion chrétienne en « religion non sacrificielle » par opposition à toutes les religions sacrificielles qui l'ont précédée, ce qui provoque une véritable mutation dans l'histoire des religions, la réconciliation de la divinité et de l'humanité (II).

I – « L'ACCOMPLISSEMENT DES TEMPS »

L'avènement du Christ est à la fois le commencement et la fin des temps - ce qui met fin aux religions archaïques et annonce l'avènement d'une nouvelle religion, la « dernière religion ». En effet « l'accomplissement des temps » est le moment où les religions archaïques ayant épuisé tous leurs moyens, ne peuvent plus instaurer la *mimésis de réconciliation* pour restaurer l'ordre et la paix dans la société : la « dernière violence » ne peut plus expulser la violence, Satan ne peut plus expulser Satan, le doute apparaît sur le bien-fondé du « meurtre fondateur », la victime émissaire vacille de son piédestal. « Quand la violence ne peut plus expulser la violence et que la division contre soi-même atteint le point critique », c'est alors que la victime émissaire révèle aux hommes le mystère de cette expulsion, ce temps est celui du Christ : *Quand le temps fut accompli, Dieu envoya son fils…* pour révéler le « mécanisme victimaire » (*Le bouc émissaire*, p. 279), c'est-à-dire la fin de l'inconscient persécuteur (A) et l'annonce d'une religion non sacrificielle (B).

A – LA FIN DE « L'INCONSCIENT PERSECUTEUR »

L'« inconscient persécuteur », l'ignorance du mécanisme victimaire est celle de la foule, accusatrice et persécutrice de Jésus. *Ils m'ont haï sans cause* : Jean (15, 25) emprunte cette phrase aux *Psaumes* (35, 19) pour la prêter à Jésus désignant la foule qui s'était rassemblée lors de sa Passion, *pour que soit vérifiée cette parole de l'Ecriture* (p. 150, *op. cit.*, « Les maîtres mots de la passion évangélique », p. 147-163) - cette foule à laquelle Jésus ne peut que pardonner, à cause précisément de son inconscience : *Père, pardonne-leur car ils ne savent pas ce qu'ils font* (Luc, 23, 34, *op. cit.*, p. 160). Le Christ met fin à cette ignorance et à cette inconscience, celle de la foule persécutrice et unanime qui n'est autre que Satan.

C'est pourquoi, avant sa Passion, le Christ annonce qu'il va devenir un « scandale » (un « obstacle ») pour tous les hommes, et d'abord pour les juifs qui ne comprendront pas le sens d'un « Dieu crucifié » (*le Christ crucifié, scandale pour les juifs, folie pour les païens* dit Saint Paul dans l'*Epitre aux Corinthiens*). Mais alors comment se fait-il que le scandale désigne aussi Satan, ainsi que l'atteste l'adresse de Jésus (encore juste avant sa Passion) à Pierre : *Passe derrière moi, Satan ! Tu me fais scandale, car tes pensées ne sont pas celles de Dieu, mais celles des hommes !* (Matthieu, 16, 23) (p. 139) ?

La réponse est encore dans la « rivalité mimétique » : « Jésus et Satan poussent tous deux à l'imitation », mais, alors que le Christ demande aux hommes de l'imiter pour imiter Dieu, Satan pousse à l'« esprit de rivalité » qui produit d'abord désordre et instabilité (la *mimésis de l'antagoniste*), puis ordre et stabilité provisoires par le sacrifice d'un bouc émissaire, (la *mimésis de réconciliation*), lorsque *Satan expulse Satan*. Avec Satan, « la violence expulse la violence » ; or le Christ montre que ce mauvais remède est en réalité un poison (tel le *pharmacon* des Athéniens). Satan, comme Jésus s'offre en modèle, mais alors que Jésus présente le vrai modèle de Dieu, Satan offre un mauvais modèle : il n'est qu'une parodie de Dieu, le « singe de Dieu ». Ainsi Satan n'est rien d'autre que « l'unanimité de la foule » dans la désignation et le sacrifice de la victime émissaire. La foule étant convaincue de la culpabilité de la victime émissaire, le phénomène du « bouc émissaire », sa seule appellation même, est toujours méconnu, inconscient (jamais les persécuteurs ne parleront de « bouc émissaire »), puisque, lorsqu'il est révélé, reconnu comme tel, il s'évanouit, il est anéanti, il est « frappé de nullité », il devient « caduc » : « Le mécanisme victimaire ne fonctionne qu'en vertu de l'ignorance de ceux qui le font fonctionner. Ils se croient dans la vérité alors qu'en réalité, ils sont dans le mensonge » (*Je vois Satan...*, p. 74) - « avoir un bouc émissaire, c'est ne pas savoir qu'on l'a » (*Ibid.*, p. 242) : « Satan est un non-être, dans la mesure où il est l'inconscient du mécanisme du bouc émissaire..., il est le système de la mauvaise mimésis... Satan n'a pas d'être substantiel. Il est le système mimétique tout entier, qui gouverne les relations humaines » (*Le bouc émissaire*, p. 140-141). Le mal est l'œuvre de cet « inconscient persécuteur » qu'est Satan lui-même, et que le Christ dévoile. Si Satan est le scandale *de* la « mauvaise mimésis », le Christ est le scandale *à* la « mauvaise mimésis », autrement dit le « scandale du scandale » qui, opérant un retournement, chasse la « mauvaise mimésis » au profit de la « bonne mimésis », montrant que la « mauvaise » mimésis est l'inversion de la « bonne », la culpabilité de la victime l'inversion de son innocence.

C'est donc avec « l'accomplissement des temps », que Dieu annonce la fin du « règne de Satan » par la mort du Christ sur la croix : c'est la révélation du « mécanisme victimaire » à laquelle Satan participe sans le savoir car « il a rendu possible le retournement de son propre mensonge » (*Je vois Satan...*, p. 234). « En déclenchant le mécanisme victimaire contre Jésus », Satan croyait protéger son règne, celui du « mimétisme conflictuel et (de) sa conclusion victimaire », il ne se doutait pas que « le mécanisme victimaire serait retourné comme un gant, dévoilé, éventé, désamorcé dans les récits de la Passion » (p. 233). C'est en ce sens que les Pères grecs, notamment Origène, avaient élaboré la thèse de *Satan dupé par la Croix* : « dans la Croix, Satan est le mystificateur pris au piège de sa propre mystification » (p. 230-233). Cette fin du règne de Satan avait bien été annoncée dans les Evangiles, chez Saint Jean :

C'est maintenant le jugement de ce monde-ci, maintenant que le prince de ce monde va être jeté dehors (Jean, 12, 31),

et chez Saint Luc, avec le mot du Christ vainqueur :

Je vois Satan tomber comme l'éclair (Luc, 10, 18).

La révélation chrétienne est donc celle de la « religion non sacrificielle », par opposition à toutes les religions qui l'ont précédée.

B – LA RELIGION CHRETIENNE, RELIGION NON SACRIFICIELLE

Toutes les religions pré-chrétiennes reposent sur un « mécanisme victimaire » qui les fonde et qui a pour but d'« expulser la violence par la violence » : c'est « le principe satanique de la division contre soi-même et de l'expulsion ». C'est en effet Satan (« le faux accusateur ») qui, par son pouvoir mimétique, dresse les hommes les uns contre les autres en déclenchant le « mécanisme de la rivalité mimétique », ce qui explique « l'affinité de Satan pour le mimétique sous toutes ses formes, les simulacres, les parodies, les spectacles séduisants et scandaleux ». Car Satan est le *scandale*, « l'obstacle qui traverse nos désirs… la métamorphose de la bonne imitation en mauvaise ». Ainsi toutes les religions primitives sont-elles des idolâtries jusqu'à l'avènement du christianisme qui en opère un véritable retournement.

C'est pourquoi le christianisme est la seule religion « non sacrificielle », la seule religion qui n'accepte pas le sacrifice d'une victime innocente. La révélation chrétienne en tant que révélation du « mécanisme victimaire » est en effet dénonciation de l'idolâtrie, rejet du Diable et des faux dieux au profit du seul vrai Dieu qui jamais n'exigera le sacrifice d'une victime innocente, puisqu'un tel sacrifice implique de « dresser les hommes les uns contre les autres ». Non seulement cette révélation est inséparable de la raison, elle l'est aussi de l'amour. En réconciliant l'homme et Dieu, le christianisme a réconcilié l'homme avec lui-même, c'est pourquoi *l'amour du prochain* reste le principe fondamental du christianisme.

La révélation chrétienne, inséparable de la raison et de l'amour, est également inséparable de la liberté. Dès que le « mécanisme victimaire » est dévoilé, il devient « caduc », il est « frappé de nullité » : « les boucs émissaires ne peuvent plus sauver les hommes, la représentation persécutrice s'effondre… Il n'y a pas de Dieu violent ». La Passion nous révèle la vérité propre à tous les mythes antérieurs, elle nous donne la clé pour comprendre la mythologie : le christianisme nous révèle l'aspect caché des mythes, il apparaît comme la vérité de toute mythologie, la vérité de toute culture humaine. Avec la Passion et la mort du Christ, c'est le « secret de toujours » de toutes les religions et mythologies, qui est dévoilé : « le mécanisme du bouc émissaire entre dans la lumière la plus éclatante qui soit ». Par cette « grille universelle de la démystification », l'homme est enfin libéré (*Le bouc émissaire*, p. 140-141).

« L'accomplissement des temps » marque donc la rupture fondamentale avec les religions archaïques, cette véritable mutation qu'est la réconciliation de la divinité et de l'humanité.

II – LA RECONCILIATION DE LA DIVINITE ET DE L'HUMANITE

Quand le temps fut accompli, Dieu envoya son fils… pour réconcilier la divinité et l'humanité, c'est-à-dire, selon Girard, pour révéler le « mécanisme victimaire ». En effet quelle meilleure réconciliation de l'humanité et de la divinité peut-il y avoir que le refus d'un Dieu violent, le refus d'un Dieu qui exige le sacrifice d'une victime innocente ? Car le principe de cette réconciliation ne peut être que de substituer à l'exacerbation de la violence son refus total et à l'exigence du sacrifice celle de l'amour. Le Christ est venu réconcilier les hommes entre eux, et les hommes avec Dieu. Cette réconciliation est la conséquence de l'Incarnation du Christ (A) et le point de départ de l'achèvement de l'évolution de l'homme (B).

A – LA CONSEQUENCE DE L'INCARNATION

L'unité de l'humain et du divin trouve sa plus grande manifestation dans le Dieu incarné, le Christ crucifié – ce que confirme parfaitement Girard. Le Christ est *le fils de Dieu*, mais aussi *le fils de l'homme : Ecce homo ! Voici l'homme !* veut dire « Voici la victime innocente », la « victime dédivinisée », et donc « désacralisée ». Et, si *Ecce homo !* veut dire également *Ecce Deus ! Voici Dieu en croix !*, il faut traduire « Voici le Dieu revictimisé comme innocent », le Dieu désacralisé, et donc le vrai Dieu. La *mort de Dieu* n'est autre que le Christ en croix, la mort de la victime innocente par excellence, la *mort du Christ* victime de la violence humaine, mais qui, par sa mort, nous révèle, selon la phrase de Saint Matthieu empruntée au *Psaume 78, des choses cachées depuis la fondation du monde*, à savoir la « fondation du monde » elle-même, le « meurtre fondateur », les violences d'autant plus unanimes qu'elles sont arbitraires, et les lynchages d'autant plus vénérés qu'ils sont mensongers.

Il s'agit d'un véritable « retournement » qui peut rendre compte de la Passion du Christ : d'abord le retournement du mensonge de Satan, « le mystificateur pris au piège de sa propre mystification » (*Je vois Satan tomber comme l'éclair*, Grasset, 1999, p. 233), mais aussi celui par lequel Jésus, victime innocente, est sacrifié par une foule qui, quelques jours avant, l'avait ovationné, celui par lequel également le « bouc émissaire » devient « l'Agneau de Dieu ».

C'est peut-être ce que peut laisser penser l'interprétation qu'a donnée Girard (« Nietzsche contre le crucifié », in *La voix méconnue du réel*, p. 149-180) de l'aphorisme 125 du *Gai savoir* de Nietzsche, celui de *l'insensé* qui « cherche Dieu », en plein midi, une lanterne à la main, sous les railleries de la foule, et qui apporte lui-même la réponse : « Où est Dieu, je vais vous le dire ! *Nous l'avons tué* - vous et moi ! Nous sommes tous ses meurtriers ». De ce passage, Girard rejette l'interprétation constante de l'athéisme d'après laquelle Nietzsche n'aurait fait que constater la mort du Dieu de la tradition, qui est mort de sa belle mort : « le Dieu de la Bible se meurt de vieillesse, soit de mort naturelle ». Girard souligne que l'interprétation athée - comme d'ailleurs la plupart des autres interprétations, notamment celle de Heidegger (« Le mot de Nietzsche : *Dieu est mort* », in *Chemins qui ne mènent nulle part*, précité) - passe soigneusement sous silence l'élément le plus important de ce passage : *le meurtre collectif de Dieu*. N'est-il pas tout d'abord naïf de faire remarquer que si l'on peut tuer Dieu, c'est qu'il a déjà existé (p. 171) ? En réalité, répond Girard « Les dieux n'ont aucunement besoin d'exister pour être tués. En fait, ils n'existent pas avant d'avoir été tués, à la différence des hommes qui ne peuvent exister qu'à condition de n'être pas tués. Les dieux, eux, ne commencent vraiment à exister, du moins aux yeux des hommes, qu'une fois assassinés » (p. 172)... « Si Dieu est toujours le produit de son propre meurtre collectif, ce texte ne dit-il pas en réalité que la mort des dieux est leur vie et que la vie des dieux est leur mort ? » (p. 173). Du célèbre aphorisme 125, la plupart des interprètes ne retiennent donc que la « mort de Dieu » considérée comme une mort naturelle, paisible, sans *histoire*. « Le texte sur la mort de Dieu fonctionne comme un nouveau meurtre de Dieu aussi longtemps que le thème du meurtre n'est pas reconnu » (p. 175). A cet égard, en pensant « la mort de Jésus comme la mort de Dieu », ne pourrait-on pas voir dans le texte nietzschéen sur « la mort de Dieu », un résumé fulgurant des Evangiles et de la Passion du Christ - ce qui confirmerait le mot de Girard considérant Nietzsche comme « le plus grand théologien après Saint Paul » ? En effet ne pas reconnaître dans ce texte le « meurtre de Dieu », c'est se mettre soi-même du côté de ses meurtriers, c'est adopter l'attitude des Pharisiens déclarant :

Si nous avions vécu du temps de nos pères, nous ne nous serions pas joints à eux pour verser le sang des Prophètes (Matthieu, 23, 30).

Girard souligne que si l'on remplace « les Prophètes » par « Le Christ », cette formule résume bien l'attitude de « l'anti-sémitisme chrétien » et du « christianisme sacrificiel » en général dont le postulat devient :

Si nous avions vécu du temps du Christ, nous ne nous serions pas joints aux Pharisiens pour verser le sang du Christ (« Satan et le scandale », in *Girard*, L'Herne, 2008, p. 121-122).

Or n'est-ce pas précisément ce que fait Heidegger : voir, dans ce texte, la mort du dieu chrétien ou la fin du supra-sensible platonicien, ou l'attente d'un nouveau Dieu (Nietzsche dit dans *L'Antéchrist* : « Près de deux mille ans écoulés et pas un seul nouveau dieu ! ») n'est-ce pas vouloir réduire « la dissidence de Nietzsche » à une perspective proprement heideggérienne ? (p. 175). En fait, « l'essai de Heidegger ne pouvait qu'ensevelir la force dramatique de l'insensé de Nietzsche sous le poids écrasant de sa pédanterie philosophique » (p. 176). « Heidegger a beau protester avec hauteur que son interprétation n'a rien à voir avec le *vulgaire athéisme* qu'on prête le plus souvent à ce texte, je ne vois pas la différence » (p. 177). Ne voulant pas se reconnaître meurtrier et persécuteur de Dieu, Heidegger est véritablement meurtrier et persécuteur de Dieu, du Dieu chrétien auquel il rapporte, à juste titre, le mot « Dieu est mort », mais qu'à la différence de Hegel, il n'associera jamais, sans doute à cause de son anti-christianisme, à la croix du Christ pour ne pas voir dans la mort de Dieu, « la mort de cette mort même, la négation de la négation ».

Dès lors, et contrairement à l'affirmation de Heidegger, l'interprétation nietzschéenne du « Dieu est mort » n'est pas aussi éloignée qu'on pourrait le croire des interprétations hégélienne et girardienne !

Ainsi Girard rejette la « théologie de la divinité persécutrice », cette théologie qui refuse de voir dans la « mort de Dieu », la véritable affirmation de Dieu. La révélation chrétienne comme révélation du « mécanisme victimaire » est en effet rejet du Diable et des faux dieux au profit du seul vrai Dieu qui jamais n'exigera le sacrifice d'une victime innocente. Par ce mécanisme victimaire, l'homme est soumis à la folie et à la violence, à l'irrationnel et à la haine. En le révélant, le christianisme a réconcilié l'homme avec Dieu et avec lui-même : il a libéré l'homme.

La Révélation marque ainsi « la fin des temps », mais aussi « le commencement des temps », à savoir l'irruption d'un temps nouveau qui devrait produire l'achèvement de l'évolution de l'homme.

B – LE POINT DE DEPART DE L'ACHEVEMENT DE L'EVOLUTION DE L'HOMME

La séparation de l'humain et du divin, c'est l'ignorance du mécanisme victimaire, l'ignorance de cet état d'infantilisme dans lequel se trouve l'humanité qui croit encore en la vertu du sacrifice d'une victime, c'est « l'inachèvement » de l'homme : la Révélation est cette prise de conscience qui parachève l'homme, porte jusqu'au bout « le processus d'hominisation » par lequel celui-ci sera véritablement « homme ». Dans *Achever Clausewitz* (V. « Tristesse de Hölderlin »), Girard souligne la parenté de cette prise de conscience avec la « perspective darwinienne » : Le Christ serait venu parfaire, achever l'évolution de l'homme, arracher ce qui en lui n'était pas encore « humain ». C'est pourquoi, au moment de livrer Jésus, « Ponce Pilate, ignorant la profondeur de sa déclaration, pût dire à la foule *Ecce homo, Voici l'homme*, celui qui va mourir parce qu'il est innocent » (p. 212). Le Christ met fin à cette ignorance et à cette inconscience, il met fin au « malheur de la conscience » par sa Passion qui est tout entière révélation du mécanisme victimaire, il parachève l'évolution de l'homme. Car c'est bien la Passion du Christ qui, opérant le « dévoilement du mécanisme victimaire », rapproche, comme cela n'avait jamais été fait auparavant, l'homme de Dieu. L'unité de l'humain et du divin trouve sa plus grande manifestation dans le Dieu incarné, le Christ crucifié, la révélation de la victime désacralisée et du Dieu revictimisé comme innocent, ce qui, pour Girard, révèle la vérité de la violence fondatrice ainsi dénoncée.

*
* *

De même que Darwin a montré que la *sélection naturelle* commande l'évolution des espèces animales, Girard montre que la *sélection culturelle* commande l'évolution des sociétés humaines. A cet égard l'hommage que Engels rendait à Marx d'avoir découvert l'évolution des sociétés comme Darwin avait découvert l'évolution des espèces, pourrait être appliqué à Girard en attribuant ce rôle non plus à l'économie mais au « mécanisme victimaire ». Car Girard, le « Darwin de la culture », rend bien compte du passage de la culture « sacrificielle » préchrétienne à la culture « non sacrificielle » spécifiquement chrétienne, par l'intermédiaire de la religion hébraïque.

Cependant seul le Nouveau Testament donne au bon côté de l'Ancien Testament, tout son sens et toute sa portée. De même que Pic de la Mirandole disait que « Sans Thomas, Aristote serait muet », ne pourrait-on pas avancer que « Sans le Nouveau Testament, le bon côté de l'Ancien resterait muet » ? Ainsi les deux passages précités des Psaumes :

Ils m'ont haï sans cause, et

La pierre que vous avez rejetée deviendra la pierre de faîte de l'édifice

ne prennent tout leur retentissement qu'avec la Passion, la mort et la résurrection du Christ. Alors, accordons à Renan que « Isaïe a précédé Jésus de sept siècles », à condition d'ajouter « ... avec la Passion, la mort et la résurrection en moins, c'est-à-dire avec tout ce qui fait le Christ et le christianisme ».

Chapitre 8

RENE GIRARD : L'ESPRIT DU CATHOLICISME

Si « l'esprit du christianisme » réside, selon Girard, dans la dénonciation du « mécanisme victimaire » et de la divinité persécutrice, c'est-à-dire de la « violence fondatrice », quels traits plus spécifiques prend-il dans la doctrine catholique ? C'est l'histoire du catholicisme qu'il faut donc scruter sous cet angle, dans la perspective de la « théorie mimétique » de René Girard (notre ouvrage *L'esprit du catholicisme d'après René Girard*, L'Harmattan, 2016).

Pour cela nous envisagerons d'abord les affirmations catholiques et leur remise en cause par les Eglises protestante et orthodoxe (Section 1), puis les enseignements qui peuvent être dégagés de ces affirmations (Section 2).

SECTION 1 : LES AFFIRMATIONS CATHOLIQUES ET LE CLIVAGE AVEC LES EGLISES PROTESTANTE ET ORTHODOXE

Les traits distinctifs du catholicisme résident dans de grandes affirmations dont certaines sont d'ailleurs communes à tout le christianisme (I), mais à partir desquelles, se dessine le clivage entre l'Eglise catholique et les Eglises protestante et orthodoxe (II).

I – LES GRANDES AFFIRMATIONS CATHOLIQUES

Au nombre de sept, ces affirmations, révélatrices de l'esprit du catholicisme, sont les suivantes : la divinité plénière du Christ et du Saint-Esprit (A), l'humanité plénière du Christ par l'Incarnation (B), la vérité de l'Eucharistie (C), le culte de la Vierge Marie (D), la vénération des Saints (E), le rôle des évêques et des prêtres (F), enfin le Salut par le Christ Rédempteur (G).

A – LA DIVINITE PLENIERE DU CHRIST ET DU SAINT-ESPRIT

Le Christ est pleinement Dieu. Ainsi toute tentative pour minorer la divinité du Christ apparaît-elle comme une atteinte à la révélation pleine et entière du mécanisme victimaire, un effort, selon René Girard, pour cacher la violence fondatrice et, par conséquent, pour réintroduire, dans l'exacte mesure de cette minoration, une réhabilitation proportionnelle de la divinité persécutrice. Cette tentative peut prendre deux formes opposées qui se sont rencontrées dès les premiers siècles du christianisme : soit nier la divinité du Christ au profit de sa seule humanité - ce fut la position d'Arius (256-366) et de l'arianisme - soit nier l'humanité du Christ au profit de sa divinité - ce fut la position d'Eutychès (378-456). Dans les deux cas, le résultat est le même : séparer l'humanité de la divinité, s'opposer à leur réconciliation.

Les premiers *conciles œcuméniques* (qui réunissent des évêques venant de toutes les parties du monde) devaient condamner fermement ces deux dérives, comme le rappelle Yves Chiron dans son remarquable ouvrage, *Histoire des conciles* (Perrin, 2011).

Tout d'abord le *concile de Nicée* (325), convoqué par l'empereur Constantin, condamne Arius et l'arianisme qui nient la divinité du Christ au profit de sa seule humanité. Ce concile réaffirme, à la suite d'Osius, évêque d'Espagne, l'unité du Père et du Fils fondée sur leur *consubstantialité*, ajoutant la croyance *en l'Esprit-Saint* (Y. Chiron, *op. cit.*, p. 13-21).

Le deuxième concile œcuménique, le *concile de Constantinople I* (381), convoqué par l'empereur Théodose Ier, confirme l'œuvre du précédent en reconnaissant que doit être étendue au Saint-Esprit la nature divine déjà reconnue au Christ : *L'Esprit-Saint, qui est Seigneur et donne la vie, qui procède du Père, qui avec le Père et le Fils reçoit même adoration et même gloire, qui a parlé par les prophètes,* il n'est donc qu'*une divinité unique, Père, Fils et Saint-Esprit dans une sainte Trinité.* Le concile, après avoir ajouté que doivent être nommés *chrétiens catholiques* ceux qui *suivent cette loi*, précise que le Fils *s'est incarné de l'Esprit-Saint et de la Vierge Marie* (Y. Chiron, *op. cit.*, p. 23-25) - tel est ce que la liturgie a appelé *le credo de Nicée-Constantinople* qui est devenu « la profession de foi la plus connue du christianisme » (p. 27), et s'est d'ailleurs imposé et est resté comme le credo de la religion catholique.

C'est ensuite le troisième concile œcuménique, *le concile d'Ephèse* (431) qui, donnant raison à Cyrille, patriarche d'Alexandrie, condamne l'hérésie de Nestorius (386-451), patriarche de Constantinople, selon qui les deux natures du Christ, divine et humaine, sont tellement différentes qu'elles ne sont pas loin d'être séparées. Deux ans après, en 433, les nestoriens acceptèrent une « réconciliation doctrinale » reposant sur l'affirmation de « *l'union de deux natures* dans le Christ, sans confusion ». Cependant, refusant cette réconciliation, certains partisans de Nestorius, se constituèrent en Eglise séparée, « Eglise nestorienne », parfois appelée « Eglise perse » (en raison de l'ère géographique de son essor), ou encore Eglise « des deux conciles » puisque ne reconnaissant que les deux premiers conciles œcuméniques (Y. Chiron, *op. cit.*, p. 28-36) - cette Eglise est une composante de ce que l'on appellera plus tard les « Eglises orthodoxes orientales ».

Le quatrième concile œcuménique, *le concile de Chalcédoine* (451), réaffirme les deux natures divine et humaine du Christ en condamnant l'hérésie d'Eutychès qui ne voulait reconnaître qu'une seule nature au Christ, celle qui procède de la substance divine. Le concile répond que le Christ est *parfait en divinité et parfait en humanité... consubstantiel au Père selon la divinité et à nous selon l'humanité*. Cependant cette affirmation de « deux natures en une personne dans le Christ » devait encore être refusée par certains évêques orientaux pour constituer des Eglises séparées, « Eglises des trois conciles » (puisque ne reconnaissant que les trois premiers) ou « Eglises non-chalcédoniennes » : il s'agit des « Eglises orthodoxes orientales de tradition syriaque, arménienne, copte et éthiopienne » (Y. Chiron, *op. cit.*, p. 41-42, Ch. Chaillot, *Vie et spiritualité des Eglises orthodoxes orientales*, Cerf, 2011).

L'œuvre de ces quatre conciles est donc fondamentale. Ils contiennent les premières grandes affirmations du *credo chrétien* sur la Trinité, la nature du Christ, le rôle de la Vierge Marie, ils sont la base de la christologie et de la mariologie. Aussi n'est-il pas étonnant que le pape Saint Grégoire le Grand (590-604) ait pu les comparer aux quatre Evangiles (Y. Chiron, *op. cit.*, p. 14). D'ailleurs ces quatre conciles sont reconnus par les trois grandes confessions chrétiennes (protestantes, orthodoxe et catholique). Ainsi, en condamnant toute tentative de minorer la divinité ou l'humanité du Christ, ils ne contredisent nullement la conception de Girard qui voit dans cette tentative celle de cacher la violence fondatrice et la divinité persécutrice. Mais en va-t-il de même avec les conciles œcuméniques qui ont suivi ?

Pour ce qui concerne notre propos, le cinquième concile œcuménique, le *concile de Constantinople II* (553), convoqué par l'empereur Justinien Ier, ne fait que confirmer les précédents conciles, rappelant notamment l'unité de la divinité dans la Sainte Trinité.

Il en va de même pour le sixième concile œcuménique, le *concile de Constantinople III* (680-681), convoqué par l'empereur Constantin IV, même s'il souligne toutefois davantage « le rôle de la papauté comme gardienne de la pureté de la foi » (Y. Chiron, *op. cit.*, p. 53).

Le septième concile œcuménique, le *concile de Nicée II* (787) fut convoqué par l'impératrice Irène et consacré entièrement à la « querelle de l'iconoclasme » qui s'était engagée depuis le début du VIIIe siècle. En 747, l'empereur de Byzance, Léon III, lança une interdiction contre toute représentation du Christ, de la Vierge Marie ou des saints, s'inspirant des exemples judaïque et islamique interdisant toute représentation du divin (Deuxième commandement : *Tu ne feras point d'image taillée, ni de représentation quelconque des choses qui sont en haut dans les cieux*), et dénonçant le risque de profanation ou d'idolâtrie auquel cette pratique n'avait pas manqué de donner lieu. Cette interdiction entraîna de terribles persécutions, malgré la résistance de nombreux évêques et le refus des papes Grégoire II (715-731) et Grégoire III (731-741) de s'y soumettre. En 754, l'empereur Constantin V poursuivit la politique iconoclaste jusqu'à ce que, sous la minorité de Constantin VI, l'impératrice Irène, opposée aux iconoclastes, réussit à convoquer ce concile ; celui-ci « reconnut le bien-fondé de la vénération des images et ordonna leur rétablissement dans toutes les églises de l'Empire romain ». Le concile reprend l'argumentation de Saint Jean Damascène (676-749) qui avait relevé la fonction pédagogique et le secours spirituel des images, qui avait également distingué entre la *vénération* due aux images et *l'adoration* due à la seule divinité, mais qui avait aussi et surtout souligné que le recours aux icônes trouvait sa justification et son fondement même dans l'Incarnation par laquelle Dieu a pris forme humaine, c'est-à-dire dans le principe même du Christianisme - ce qui, selon le concile est la réfutation du *docétisme* (du grec *dokéon* : apparaître ») pour qui l'Incarnation n'aurait pas été réelle, mais seulement apparente (Y. Chiron, *op. cit.*, p. 56-62).

Le *concile de Nicée II* est évidemment reconnu par l'Eglise orthodoxe (qui a toujours accordé une place privilégiée aux icônes), comme le sont également les six conciles précédents puisque cette Eglise reconnaît les sept premiers conciles. En revanche il est rejeté par les Eglises protestantes, y compris l'Eglise anglicane, qui ne reconnaissent toutes que les quatre premiers conciles, même si, pendant longtemps et parfois aujourd'hui encore, les six premiers conciles sont reconnus.

Qu'en est-il de l'iconoclasme dans la perspective de René Girard ? Il ne fait nul doute que la position de Girard rejoint entièrement celle de Saint Jean Damascène : une divinité d'une transcendance absolue, inaccessible et non représentable, est contraire à l'Incarnation. L'interdiction des images ne renverrait-elle pas elle aussi à la religion archaïque de la divinité persécutrice ?

Le huitième concile œcuménique, dernier concile oriental, le *concile de Constantinople IV* (869-870), convoqué par l'empereur Basile Ier le Macédonien, est celui du schisme de Photius qui allait provoquer le schisme de l'Eglise orthodoxe. Le patriarche de Constantinople, Ignace, ayant été, sous la pression de l'empereur Michel III, obligé de démissionner, fut remplacé dans des circonstances troubles, par Photius. Cette nomination ayant été faite sans l'accord du pape Nicolas Ier (858-867), celui-ci diligenta une enquête au terme de laquelle Photius refusa de se soumettre. En 867, à la mort de l'empereur Michel III, assassiné, lui succéda Basile Ier qui écarta Photius et rétablit Ignace au siège patriarcal. Le moment était favorable à un concile de réconciliation avec Rome qui put s'ouvrir le 5 octobre 869 pour condamner Photius et ses partisans et lancer l'anathème contre eux tous. Cependant, à la mort d'Ignace en 877, Photius redevint patriarche de Constantinople - ce qui devait priver de ses effets le concile œcuménique, d'autant plus que le pape Jean VIII reconnut Photius comme légitime patriarche, sous réserve d'une demande de pardon qui d'ailleurs ne vint jamais. La rupture définitive avec Rome était en bonne voie pour devenir effective en 1054 par les excommunications réciproques du patriarche de Constantinople et du pape - qui ne seront levées que le dernier jour du *concile de Vatican II*, le 7 décembre 1965 (Y. Chiron, *op. cit.*, p. 67-75, et 266).

Bien évidemment, l'Eglise orthodoxe ne reconnut jamais ce huitième concile œcuménique, pas plus que les treize autres qui suivirent. Les Eglises protestantes feront de même, ajoutant à cette exclusion au moins le septième concile contre l'iconoclasme. Rejetant ce huitième concile, les Eglises protestantes s'accordent donc avec l'Eglise orthodoxe sur la question doctrinale qui fut au centre de ce concile, celle dite « de la procession du Saint Esprit » ou du *filioque* dont il faut dire un mot.

Au cours de l'enquête diligentée par le pape Nicolas Ier auprès du patriarcat de Constantinople, Photius avait réitéré son accusation contre le pape d'avoir falsifié le credo de Nicée en y ajoutant le *filioque*. En effet, pour le Pape et l'Eglise romaine, « le Saint Esprit procède du Père *et du Fils (filioque)* », tandis que pour Photius, suivi par l'Eglise orthodoxe, « le Saint-Esprit procède du Père *par le fils* ». Cette nuance qui pourrait sembler anodine, montre à l'évidence que la formulation romaine réaffirme la divinité du Christ, mais, selon Photius minore la divinité du Saint-Esprit, et ainsi porte atteinte à l'égalité des trois personnes, tandis que la formulation orthodoxe, tout en réaffirmant la divinité du Saint-Esprit, minore, selon Rome, la divinité du Christ qui n'est plus égale mais subordonnée à celle du Père. Notons que ces deux argumentations s'accordent pour reconnaître que chacune porte atteinte à l'égalité des personnes, la divergence qui subsiste étant que l'argumentation romaine semble minorer la divinité du Saint-Esprit tandis que l'argumentation orthodoxe semble minorer la divinité du Fils. Ajoutons que, si ne peut être remise en cause l'égalité des Trois Personnes, pas plus qu'une quelconque subordination entre elles, en revanche, la position orthodoxe, à la différence de la position romaine, aboutit finalement à faire passer la Troisième personne de la Trinité avant la Deuxième. Mais l'affirmation de la divinité plénière du Christ ne doit pas conduire à nier sa pleine humanité, ainsi que le faisait l'hérésie d'Eutychès.

B – L'HUMANITE PLENIERE DU CHRIST : L'INCARNATION

Le Christ est pleinement Dieu, et pleinement homme. Cependant la pleine humanité du Christ connaît une exception qui est celle du péché. Les premiers conciles n'ont cessé de rappeler la pleine humanité du Christ, inséparable de sa pleine divinité, comme le firent le *troisième concile*, celui *d'Ephèse* (431) condamnant le nestorianisme qui défendait les deux natures différentes voire séparées du Christ, mais surtout le *quatrième concile*, celui *de Chalcédoine* (451) condamnant l'hérésie d'Eutychès qui défendait la seule nature divine du Christ, enfin le *septième concile*, celui *de Nicée II* condamnant l'iconoclasme comme étant contraire à l'Incarnation, ainsi que l'avait établi Saint Jean Damascène.

Le Christ est donc pleinement homme et pleinement Dieu, il est à la fois *le Fils de Dieu* et *le Fils de l'Homme*.

Cette thèse a été parfaitement illustrée par René Girard dans *Des choses cachées depuis la fondation du monde* (« La divinité du Christ », p. 295-301) : « Jésus est seul à réaliser une perfection de l'humain qui ne fait qu'un avec la divinité ». L'Incarnation est l'expression même de cette unité de la divinité et de l'humanité dans le Christ (p. 296). En révélant que Dieu est Amour, le Christ a voulu mettre fin à la violence, réaliser pleinement l'humain. Cette « plénitude de l'humain », le Christ la réalise en effet par la dénonciation de la violence, la révélation du meurtre fondateur : « Jésus nous enseigne la vocation véritable de l'humanité, qui est d'échapper à cette emprise (de la violence) ». Le Christ est ainsi « le seul Médiateur, le pont unique entre le Royaume de la Violence et le Royaume de Dieu » (p. 297). La transcendance divine « a toujours été dissimulée et recouverte par la transcendance de la violence… que nous (l') avons stupidement confondue avec elle, au moins en partie ». Il faut donc « repérer la transcendance de l'amour, invisible derrière la transcendance violente qui nous la cache, il faut accéder au meurtre fondateur et aux mécanismes de méconnaissance qui en découlent ». Mais « l'esprit de violence qui nous anime » nous empêche de voir la distinction de ces deux transcendances, et leur analogie comme celle « entre la mauvaise réciprocité de la violence et la bonne réciprocité de l'amour » (p. 298). C'est pourquoi la révélation de la violence ne peut être simplement humaine : « Reconnaître le Christ comme Dieu, c'est reconnaître en lui le seul être capable de transcender cette violence ». Le Christ ne peut que se faire chasser par la violence, car il ne peut demeurer dans le « Royaume de la Violence », même si sa démonstration « fait figure d'impuissance aux yeux de ceux qui vivent selon les normes de la violence » (p. 301). La pleine humanité du Christ, inséparable de sa pleine divinité, est donc la plus haute manifestation de la réconciliation de la divinité et de l'humanité qui se reconnaît toujours dans la dénonciation de la divinité persécutrice.

Précisément, comment échapper à la violence, à la *mimésis violente* qui est, comme le bon sens de Descartes, « la chose du monde la mieux partagée » ? Il n'est qu'un moyen : suivre le modèle du Dieu d'Amour, du Dieu non-violent que le Christ est venu révéler, autrement dit faire la volonté du Père comme le Christ l'a faite, ainsi « les hommes seront tous des fils de Dieu. Ce n'est pas Dieu qui érige des obstacles entre lui-même et les hommes, ce sont les hommes » (p. 295). Or, dans la doctrine catholique, le modèle offert par le Christ trouve toute sa vérité dans l'Eucharistie.

C – LA VERITE DE L'EUCHARISTIE

L'Eucharistie est l'un des sept Sacrements reconnus par l'Eglise (avec le Baptême, la Pénitence, la Confirmation, l'Ordination, le Mariage et l'Extrême-onction). Dans le « septennaire sacramentel », l'Eucharistie occupe une place privilégiée puisqu'elle est reconnue, depuis Denys l'Aréopagite, comme le « sacrement des sacrements ». Un Sacrement est un acte effectué (« administré ») par un officiant dûment habilité c'est-à-dire par un prêtre (ayant lui-même reçu le sacrement d'Ordination), devant prononcer les paroles « sacramentelles » prescrites, spécifiques à chaque Sacrement, dans le but de donner la Grâce à celui qui le reçoit. Dans la continuité du *concile de Latran IV* (1215), c'est le *concile de Trente* (1545-1563) qui devait fixer la doctrine de l'Eglise sur l'Eucharistie par un décret adopté le 11 octobre 1551 (Y. Chiron, *op. cit.*, p. 193).

L'administration de l'Eucharistie qui se concrétise par le partage du pain et du vin, est au cœur de la célébration de la messe chrétienne pour rappeler que le Christ a donné sa vie pour nous. Les confessions protestantes affirment une « présence spirituelle » du Christ dans l'Eucharistie, le pain et le vin sont les *symboles* du corps et du sang du Christ ; dans la doctrine catholique, il y a une « présence réelle » du Christ, le pain et le vin *deviennent véritablement* le corps et le sang du Christ après que le prêtre ait prononcé la parole sacramentelle, la *Parole du Christ* :

Prenez et mangez, ceci est mon corps,
prenez et buvez, ceci est mon sang,

les fidèles sont alors invités à *communier*, à recevoir ensemble le corps du Christ dans cette sublimation du pain qu'est l'hostie. Le pain est sublimé, transcendé dans l'hostie qui devient véritablement le corps du Christ. Les anciens Pères de l'Eglise avaient qualifié cette opération de « conversion substantielle » ; le *concile de Latran IV* fut le premier à introduire le terme de *transsubstantiation*, repris par Saint Thomas d'Aquin, et consacré par le *concile de Trente*.

En effet, par la *transsubstantiation*, il ne reste du pain et du vin, selon l'expression de Pierre Batiffol, « que les apparences », devant la « présence réelle » du corps et du sang du Christ. Majorer la matérialité du pain et du vin, n'est-ce pas faire le contraire ; nier la transsubstantiation, la réduire ou la contourner, n'est-ce pas réduire la « présence réelle » du Christ, nier ce « mode d'être sacramentel du corps du Christ » qu'est l'Eucharistie (P. Batiffol, *L'eucharistie. La présence réelle et la transsubstantiation*, Cabalda éditeur, 9e éd., 1913, Epilogue, p. 493 et 497) ? Car l'Eucharistie est, comme l'Incarnation du Christ, le trait d'union entre sa pleine humanité et sa pleine divinité, l'expérience sensible de la réconciliation de la divinité et de l'humanité offerte à chaque fidèle, l'invitation faite au fidèle de réaliser lui-même sa pleine humanité car c'est cela qui fait toute sa divinité, tout ce qu'il y a de divin en lui : c'est la « présence réelle » du Christ dans l'Eucharistie qui invite le plus fortement le fidèle à suivre son modèle. La dénonciation de l'Eucharistie (ou, ce qui revient au même, sa parodie) apparaît donc comme une tentative de minorer la divinité du Christ et, par voie de conséquence, la part de divinité qui est en l'homme.

La tentative de minorer la divinité du Christ peut se manifester également dans celle de minorer le rôle de la Vierge Marie - ce à quoi la doctrine catholique s'est toujours opposée, en lui réservant un culte privilégié.

D – LE CULTE DE LA VIERGE MARIE

Le culte de la Vierge Marie trouve son origine dans les Evangiles de Matthieu et de Luc, dans les deux premiers chapitres de chacun consacrés aux « récits de l'enfance », ainsi que dans l'Evangile de Jean. Selon Jean-Pierre Torrell (*La Vierge Marie dans la foi catholique*, Cerf, Introduction, p. 17), les « récits de l'enfance » prennent la valeur de « préface » car ils contiennent *l'Annonce faite à Marie qu'elle serait la mère du Sauveur*. Les deux récits s'accordent sur le fait que Jésus *tient son origine de l'Esprit-Saint et d'une vierge* (p. 23). Cette naissance est la réalisation de *l'Annonciation* faite par l'ange Gabriel à Marie :

> *L'ange du Seigneur annonça à Marie*
> *qu'elle serait la mère du Sauveur.*
> *- Comment cela se pourrait-il ?* dit Marie.
> *Je ne connais pas d'homme.*

L'Ange lui répondit :

> *L'Esprit-Saint viendra sur toi et le puissant du*
> *Très-Haut te couvrira de son ombre.*
> *C'est pourquoi celui qui va naître de toi*

sera saint et sera appelé Fils de Dieu.
- *Je suis la servante du Seigneur*, répondit Marie,
Qu'il soit fait selon Votre volonté.

Par cette réponse, « Marie donnait alors son consentement à l'Incarnation du genre humain tout entier », commente Jean-Pierre Torrell, suivant en cela Bernard de Clairvaux et Thomas d'Aquin (J.-P. Torrell, *op. cit.*, Avant-propos, p. 10).

C'est dans l'Evangile de Luc (1, 46) que se trouve le *cantique de Marie*, la reconnaissance et la louange de Marie envers Dieu, le *Magnificat* :

Mon âme exalte le Seigneur,
exulte mon esprit en Dieu, mon Sauveur !
Il s'est penché sur son humble servante ;
désormais tous les âges me diront bienheureuse.
Le Puissant fit pour moi des merveilles ;
saint est son nom !

Mais, selon Jean Guitton, c'est dans l'Evangile de Jean que le rôle de la Vierge Marie est, pour la première fois, vraiment affirmé, puisque Jean ouvre la vie officielle de Jésus par le récit des *noces de Cana* qui font apparaître Marie comme *Médiatrice*, et qu'il la clôt par celui de *la mort du Christ en Croix*, en présence de Marie, debout, au pied de la Croix, à côté du « disciple bien-aimé » (Jean lui-même), Marie qui représente les douze apôtres et, à travers eux l'Eglise et l'Humanité entière - ce qui confère à Marie le titre de *Mère des hommes* (J. Guitton, *La Vierge Marie*, Aubier, 1949, p. 90-91).

Jean Guitton cite ensuite Justin d'Antioche qui, dans son *Dialogue avec Tryphon*, composé vers 155, établit une comparaison entre Marie et Eve qui « devait s'imposer à tout esprit comparant les deux genèses » (p. 94). Par son obéissance au serpent, Eve, vierge, avait fait entrer le mal dans le monde ; par son obéissance au Seigneur, la Vierge Marie pouvait réintroduire le bien : « Eve avait cédé à l'Ange des ténèbres, dit Jean Guitton, comme Marie avait consenti à l'Ange de lumière » (p. 78). C'est Saint Irénée, premier évêque de Lyon, qui, vers 180, dans *Contre les hérésies*, devait tirer la conséquence de cette comparaison : *Comme Eve, par sa désobéissance, a été pour elle et pour le genre humain la cause de mort, ainsi Marie, par son obéissance est devenue pour elle et pour le genre humain la cause de salut* (p. 94). Notons que la Vierge Marie apparaît bien ici comme *la servante du Seigneur*, et d'autant plus qu'elle prépare la mission du Christ, celle de la « deuxième genèse » devant effectuer le retournement de la « première genèse », ainsi que l'avait exprimé Pascal dans un fragment saisissant des *Pensées* : *Jésus n'est pas, comme le premier Adam, dans un jardin de délices où il s'est perdu et tout le genre humain, mais dans un de supplices où il s'est sauvé et tout le genre humain.*

Ainsi, au cours des deux premiers siècles, « les plus anciennes formulations » reconnaissent déjà que le Christ est « né de la Vierge Marie, *natus ex Maria virgine* » : « les premiers hérétiques ne s'y étaient pas trompés : cet *ex Maria Virgine* était ce qu'il fallait combattre... Marcion avait déchiré les premières pages de saint Luc » (p. 97). Contre toutes les hérésies, l'Eglise ne cessera de reprendre et d'approfondir le *ex Maria virgine*, ce qui justifierait le vieil adage *Marie a détruit toutes les hérésies* et confirmerait que « l'attitude vis-à-vis de la Vierge est un signe qui permet de distinguer la profondeur de l'esprit catholique » (p. 132). Le *ex Maria virgine* a été réaffirmé dans les premiers conciles, notamment dans les conciles œcuméniques.

Après le *concile de Constantinople I* (381) précisant que le Christ est *né de la Vierge Marie*, le *concile d'Ephèse* (431) consacre le titre ancien de *Mère de Dieu* (*Theotokos*) donné à la Vierge Marie. Le concile devait suivre l'enseignement de Cyrille, évêque d'Alexandrie : *Car si Notre Seigneur Jésus-Christ est Dieu, comment la Vierge qui l'a enfanté n'est-elle pas Mère de Dieu* (Y. Chiron, *op. cit.*, p. 29). Selon la formule d'Yves Chiron, « le concile d'Ephèse a été une pierre milliaire dans la dévotion mariale et la réflexion théologique sur la Vierge Marie » (p. 35).

Or les quatre premiers conciles sont reconnus par les confessions protestantes. En effet, contrairement à une idée reçue, du côté protestant, jamais Luther, ni Calvin, ni Zwingli n'ont contesté le rôle de la Vierge Marie ; ce n'est qu'à la suite des Lumières que les protestants ont dénoncé le culte de la Vierge Marie, dans lequel ils ont vu, à juste titre d'ailleurs, le cœur de la religion catholique (J.-P. Torrell, *op. cit.*). Si l'Incarnation est la manifestation de la réconciliation de la divinité et de l'humanité, le rôle de Marie ne saurait être sous-estimé, ainsi que l'avait affirmé Saint Jean Damascène : *En elle se fera l'union de la divinité et de l'humanité.*

En fin de compte, nier la virginité de Marie revient toujours à nier la divinité du Christ, donc à cacher la violence fondatrice et à justifier la divinité persécutrice : c'est ce que Girard devait parfaitement mettre en lumière dans *Des choses cachées depuis la fondation du monde* (« La conception virginale », p. 301-305). En effet la virginité de Marie, comme tout l'enseignement des Evangiles, ne fait que confirmer « le message de la divinité non violente ». A cet égard, et contrairement à l'exégèse savante qui a cours au moins depuis la fin du XIXe siècle, la naissance de Jésus est radicalement opposée aux récits des naissances de demi-dieux ou de héros que l'on trouve dans la mythologie grecque, comme dans toutes les autres. Ces naissances mythologiques procèdent toujours d'un acte de violence d'une divinité contre une mortelle, ou d'un homme contre un animal : ce sont toujours des viols accompagnés d'un caractère monstrueux. Ces faits surviennent généralement lorsque la violence atteint son paroxysme et trouve sa résolution dans la sexualité qui n'est que « la métaphore de la violence ». Il s'agit donc d'une « violence réconciliatrice qui engendre un nouvel ordre culturel ». Ces récits mythologiques traduisent cependant une vérité, c'est que « tout ce qui naît du monde et de la chair, est marqué par la violence ». Cette vérité, les Evangiles ne l'ignorent nullement : l'Evangile de Saint Jean rappelle que « tout homme est frère de Caïn », et donc fils d'Adam. Les Evangiles utilisent bien le « même code » que les mythologies - d'où l'emprise qu'ils ont donnée à la critique savante dans son effort de démystification et démythologisation - mais ce que la critique savante oublie, c'est que les Evangiles utilisent le « même code » pour nous délivrer un message radicalement différent. Les trois protagonistes de l'Annonciation, l'Ange, la Vierge et le Tout-Puissant sont tous trois étrangers à la violence, et même à l'exercice de la moindre contrainte puisque la réussite de l'Annonciation résulte du libre consentement de Marie. Cet épisode, tout à l'opposé de ses analogues mythologiques, est indemne de toute « mimésis violente », de tout sacrifice à une idole persécutrice. « Marie ne dresse aucun obstacle à la Parole divine », « sa soumission parfaite à la volonté non violente du dieu évangélique (est) la préfiguration de celle du Christ lui-même » (p. 303).

En outre la virginité de Marie est au cœur de la Nouvelle Alliance, sans elle ne pourrait s'expliquer le passage de la première genèse à la seconde genèse. Comme le Christ est le « nouvel Adam », Marie est la « nouvelle Eve », c'est elle qui doit répondre à l'Adam pécheur, et pour y répondre, on pouvait se demander, depuis Saint Augustin, si elle n'avait pas été elle-même préservée du péché originel : « la Vierge est au principe de l'ordre nouveau qui vient réparer l'ordre ancien » dit Jean Guitton (p. 167). Or ce « principe de réparation » impliquait que la Vierge ait été elle-même conçue sans péché, comme devait en prendre acte le *concile de Trente* qui se réfère aux constitutions de Sixte IV (1477 et 1482), puis le *dogme de l'immaculée conception* proclamé par Pie IX en 1854 (Y. Chiron, *op. cit.*, p. 196). Pour la même raison, toujours selon Jean Guitton, Marie ne pouvait être « incluse dans la loi commune qui veut que, pour tous les fils de l'Adam terrestre » il y ait, avec la mort, décomposition corporelle. A ce problème, il avait été répondu « depuis le VIIIe siècle, par la notion d'une résurrection anticipée de la Vierge » que Saint Jean Damascène fut l'un des premiers à révéler : *Il fallait que le corps de celle qui, dans l'enfantement, avait gardé une virginité sans tache, fût aussi conservé peu après la mort.* Ainsi le dogme de *l'Assomption* de la Vierge, proclamé par Pie XII en 1950, se déduit-il de la notion de « maternité divine ». La Vierge a été soustraite à la « corruption de la chair de péché », à sa naissance par l'*Immaculée Conception*, à sa mort par l'*Assomption* (p. 175). Ces deux privilèges ne sont d'ailleurs pas excessifs pour Celle qui est *la Mère de Dieu* (*Théodokos*), de Dieu incarné dans le Christ. Comme le souligne Jean Guitton, « le *Théodokos* n'a pas été voulu pour lui-même, mais comme la conséquence de l'Incarnation » (p. 130).

Aussi n'est-il pas étonnant que la Vierge soit la médiatrice par excellence entre le Christ et les hommes : la « distance infinie » entre nous et le Christ, requiert l'intervention de cette intermédiaire privilégiée, l'intercession de la Vierge Marie : *Dieu a voulu que nous ayons tout par Marie* dit Saint Bernard (p. 164).

C'est pourquoi Jean-Pierre Torrell rappelle que Marie reste toujours un véritable modèle ainsi que devait le développer Paul VI dans son encyclique *Marialis cultus*

(1974). En outre, avec l'Evangile, on peut « reconnaître encore en Marie la femme forte qui connut la pauvreté et la souffrance, la fuite et l'exil », et qui n'a pas manqué de se révolter contre l'injustice. L'encyclique se réfère au *Magnificat* dans lequel Marie rend grâce à Dieu :

> ... *Déployant la force de son bras,*
> *Il disperse les superbes.*
> *Il renverse les puissants de leur trône,*
> *Il élève les humbles.*
> *Il comble de biens les affamés,*
> *renvoye les riches les mains vides* (Luc, 1, 46).

Jean-Pierre Torrell note que « Charles Maurras avait déjà perçu le ferment révolutionnaire du chant de louange de Marie et dénonçait âprement *le venin du Magnificat* » (p. 214). Pourtant Marie est bien l'ultime recours contre la souffrance humaine, celle qui est appelée à renverser sans cesse tous les obstacles et inquiétudes, *l'espérance des désespérés* reconnue depuis Saint Jean Damascène.

Ainsi Marie apparaît, à l'image du Christ, comme un modèle à imiter, un modèle du remède à la violence, un modèle de l'amour. Mais ce rôle de modèle est également joué, même si c'est à un degré moindre, par les Saints.

E – LA VENERATION DES SAINTS

C'est encore Jean Guitton qui a montré le véritable rôle des Saints dans la doctrine catholique, et cela - ce n'est pas un hasard - dans son livre sur *La Vierge Marie*. En effet, si le Christ est le seul médiateur entre Dieu et nous, la « distance infinie » qui nous sépare du Christ, requiert des médiateurs entre nous et le Christ, et si la Vierge Marie occupe une « place suréminente » dans cette médiation, la distance, également infinie, qui nous sépare de Marie justifie l'existence de ces intermédiaires de rang moins élevé que sont les Saints.

Les premiers Saints furent les Martyrs, les *témoins* (en grec *martur*) de la mort du Christ, qui participèrent à la souffrance du Christ. D'ailleurs le véritable saint se reconnaît toujours à sa capacité à participer à la souffrance universelle, et donc à notre condition de créature imparfaite et pécheresse. Certes les Saints se sont rapprochés de la perfection humaine, mais dans des conditions précises de temps, de lieu, et de circonstances. Ainsi les ordres monastiques sont voués à un Saint, il n'est pas de ville ou de village qui n'ait au moins un Saint de prédilection, nombre de métiers ou d'activités vénèrent encore leur « Saint-patron », et chaque jour du calendrier est consacré à un Saint particulier - ce qui forçait l'admiration d'Auguste Comte concevant un « calendrier positiviste » où les Saints seraient remplacés par des savants ou des hommes célèbres ! D'ailleurs, pendant très longtemps, le prénom de chaque enfant fut réservé à un Saint du calendrier qui devait le protéger et l'aider.

Le culte des Saints s'intègre en effet dans un système de médiation qui présente le Christ comme seul Médiateur entre Dieu et les fidèles, puis la Vierge Marie comme Médiatrice entre le Christ et les fidèles par l'intermédiaire des Saints. Ce culte qui s'accompagne du recours aux images, est partagé par les confessions catholique et orthodoxe, mais refusé par les Eglises protestantes. Sa justification dernière dont le fondement est l'Incarnation du Christ, se trouve corroborée par le rôle de modèle que chaque élément de ce système est appelé à jouer, chacun à son propre niveau. Car, selon Girard, si se convertir, c'est se libérer du « désir mimétique » en suivant l'exemple d'un « bon modèle », encore faut-il que le modèle ne soit pas trop éloigné du sujet, qu'il corresponde à sa situation - rôle que jouent incontestablement les Saints par leur spécificité anthropologique. L'individualisation élective du salut opérée par les saints avait d'ailleurs était parfaitement exprimée dans cette parole du Christ de Pascal : *j'ai versé telles gouttes de sang pour toi.*

Le grand reproche fait au culte des Saints fut celui de verser dans le paganisme, de retrouver le polythéisme. A cette objection, on peut répondre tout d'abord en se référant à la distinction introduite par Saint Jean Damascène entre *adoration* et *vénération* : alors que l'adoration s'adresse à Dieu seul, la vénération peut porter sur un Saint. Le *septième concile œcuménique de Nicée II* (787) avait utilisé cette distinction pour justifier le recours aux images du Christ, de la Vierge et des saints, invoquant le secours spirituel qu'elles pouvaient apporter et, surtout, leur véritable fondement qui réside finalement dans l'Incarnation du Christ.

La seconde réponse (moins directe et plus générale) à l'objection du risque de paganisme que présenterait le culte des Saints, réside dans une certaine réhabilitation du paganisme dans lequel tout n'est pas négatif, tout n'est pas qu'illusion et idolâtrie : une part de vérité et de spiritualité peut y être détectée. En effet, au milieu des mythes et des rites les plus équivoques, et parfois les plus inhumains, le paganisme peut conserver les traces d'une croyance authentique. Selon Jean Guitton, dans ces rites païens, peuvent se cacher les « résidus de quelque obscure révélation première ». « Les croyances ou les rites des religions les plus impures peuvent contenir de l'or et des symboles pleins de sens pour qui les dégage... Dans ces conditions, il ne suffit pas d'avoir établi une influence du paganisme pour prouver qu'un dogme ou un rite chrétiens sont inauthentiques » (J. Guitton, *op. cit.*, p. 101). Il va sans dire que cette analyse de Jean Guitton qui remonte à 1949, et même à 1938 (avec l'article « La Vierge et la Vie de la pensée » in *Vie intellectuelle,* juillet 1938) anticipe toute la thèse de René Girard sur « la religion chrétienne en rupture et en continuité avec les religions archaïques » - cette même idée se trouvant déjà chez Joseph de Maistre.

Ainsi le culte de la Vierge Marie est-il inséparable d'un système de médiation fortement hiérarchisé au sommet duquel se trouve la Vierge Marie elle-même, *Mère du Christ* et *Mère de Dieu*, puis les Martyrs et les Saints, ensuite les Bienheureux, enfin les évêques et les prêtres.

F – LE ROLE DES EVEQUES ET DES PRETRES

Bénéficiant de ce Sacrement qu'est l'Ordination, les évêques et leurs auxiliaires, les prêtres, sont des médiateurs privilégiés entre les fidèles et le Christ, et les seuls habilités à administrer les Sacrements.

Les évêques sont les successeurs des Apôtres, notamment de Saint Pierre et de Saint Paul, les deux colonnes de tout ce qui est catholique. Comme l'indique leur nom (*épiskopos*), ce sont des *surveillants* de la relation des fidèles au Christ et à Dieu : leur tâche est de veiller au respect de la *Parole de Dieu* exprimée par le Christ dans les Evangiles. Toutes les Eglises chrétiennes ont longtemps reconnu (et certaines reconnaissent encore) la primauté de l'évêque de la très antique Rome, la ville des apôtres Pierre et Paul, le Pape, successeur de Pierre sur lequel le Christ lui-même a dit qu'il *bâtirait son Eglise*, et au sujet duquel le *concile de Florence* (1445) consacre la formule de *vicaire du Christ* (Y. Chiron, *op. cit.*, p. 164). Au-dessus des évêques se trouvent les cardinaux qui, à l'origine, étaient les évêques des diocèses les plus proches de Rome, et participaient à l'élection du pape, avant que le pape Nicolas II ne reconnaisse, en 1059, leur rang supérieur aux autres évêques, et que le pape Alexandre III n'en fasse, en 1181, les exclusifs électeurs du pape (à la majorité des deux tiers - encore en vigueur - comme en avait décidé le *troisième concile œcuménique de Latran*, en 1179, pour mettre fin aux rivalités que suscitait la règle antérieure de l'unanimité). Enfin le *concile de Bâle* (1431-1439) rappelle que les cardinaux sont « les gonds (*cardo, cardinis* en latin) sur lesquels tournent et sont soutenues les portes de l'Eglise universelle », et limite leur nombre à vingt-quatre (Y. Chiron, *op. cit.*, p. 161).

Les prêtres sont les plus proches des fidèles ; comme les évêques, ils sont au service de Dieu par la « médiation suréminente » de Marie. Aussi n'est-il pas étonnant, selon Jean Guitton, que Saint Jean Damascène ait pu invoquer la *Vierge sacerdotale* (p. 171), et que Paul VI ait pu clore le *concile de Vatican II* par une déclaration consacrant la Vierge Marie *Mère de l'Eglise*.

Sous la haute dépendance du Christ, de la Vierge Marie et des Saints, les prêtres, auxiliaires des évêques, sont encore plus proches des fidèles, et particulièrement habilités à effectuer « l'individualisation élective du salut » car la parole du Christ s'adresse d'abord à chaque fidèle, à chaque être humain en tant que pécheur. C'est pour remplir cette mission que les prêtres, plus proches encore des fidèles que les Saints, ont reçu l'Ordination, consécration spéciale qui implique le célibat (que la proximité des fidèles rend peut-être plus difficile). Jean-Pierre Torrell rappelle que, contrairement à une idée reçue, les conciles les plus anciens ont toujours rappelé cette exigence dans laquelle il ne faut pas voir un mépris de la sexualité (ainsi que le fera Freud), mais plutôt un refus de violence (comme l'a établi Girard pour la Vierge Marie). Les prêtres ne sont pas de simples fidèles, eux aussi sont des médiateurs entre les fidèles et le Christ. Certes le Mariage est un Sacrement et peut être une voie de sanctification comme le soulignait le *concile de Latran IV* (1215) : « Ce ne sont pas seulement les vierges et les continents, mais aussi les gens mariés qui, plaisant à Dieu par une foi droite et de bonnes mœurs, méritent de parvenir à la vie éternelle » (Y. Chiron, *op. cit.*, p. 107). L'état conjugal, puis familial, peut être propice à une vie authentiquement religieuse. En ce sens, Péguy disait que « les pères de famille sont les véritables aventuriers du monde moderne ». Un père de famille peut se consacrer généreusement et courageusement à la vie de l'Eglise. Pour de telles âmes, il existe un ordre sacré qui leur convient particulièrement, et qui vient immédiatement en-dessous de la prêtrise, le diaconat. Ainsi, à la base de la pyramide des médiations, se trouvent les prêtres et les diacres, en-dessous desquels on pourrait encore placer les membres de l'ancien « conseil de paroisse » ou « conseil de fabrique », avec d'abord le premier d'entre eux, le marguillier (qui avait pour mission, à l'origine, d'établir le rôle des pauvres appelés à bénéficier des subsides de la paroisse), et son adjoint, le sacristain, avant d'arriver à la foule des simples fidèles.

Mais le rôle des évêques et des prêtres, tout comme à un niveau plus élevé, celui des Saints, de la Vierge Marie et, au plus haut point, du Christ Rédempteur, est de montrer aux hommes le chemin du Salut qui provient de la Grâce de Dieu.

G – LE SALUT PAR LE CHRIST REDEMPTEUR

Le Christ est venu sauver les hommes, les racheter du péché originel : c'est le Christ Sauveur et Rédempteur qui apporte aux hommes ce don gratuit qu'est la grâce de Dieu. Qu'en est-il alors de la liberté humaine ?

Au Ve siècle, Pélage était allé jusqu'à nier le péché originel pour affirmer que l'homme pouvait assurer son salut par ses propres mérites : il fut réfuté par Saint Augustin affirmant la *gratuité* et l'*efficacité* de la seule grâce divine, puis condamné par les conciles. Cependant, au XIIIe siècle, dans la *Somme théologique*, Saint Thomas d'Aquin devait réaffirmer, « l'autonomie de la créature une fois créée » (J.-P. Torrell, op. cit., p. 43).

Sur ce point, la doctrine catholique devait rencontrer l'opposition irréductible de la Réforme, poussant à l'extrême les doctrines du péché et de la grâce défendues par Saint Augustin. Luther affirme que « seule la foi sauve : *sola fide* », Calvin ajoute que, sous le signe de la foi, la grâce est réservée à un petit nombre d'élus que la Prédestination détermine à la vie éternelle tandis qu'elle voue les autres à une éternelle damnation.

A cet égard l'opposition, rapportée à Saint Augustin, amplifiée par Luther et surtout par Calvin, puis par Jansénius et les jansénistes, entre les « élus » et les « réprouvés », entre ceux qui ont été « choisis par Dieu » et ceux « à qui la grâce a manqué » apparaît comme la plus terrible des discriminations puisqu'étant entièrement gratuite. Dans cette perspective, le Christ n'est pas venu sauver tous les hommes, mais seulement les « élus » - ce qui, d'une certaine façon, rattache le protestantisme à cette affirmation de l'Ancien Testament rejetée par le Christ, selon laquelle le peuple juif serait « le peuple élu ». Aussi n'est-il pas étonnant que cette opposition ait pu faire l'objet de la critique marxiste dénonçant une « illusion rétrospective », l'opposition réelle entre favorisés et défavorisés. En restant dans le domaine spécifiquement religieux, René Girard pourrait expliquer cette opposition par la notion de « modèle », d'« imitation » qui est au cœur de la « théorie mimétique ». Il note en effet que certains ont eu la chance d'avoir de « bons modèles », d'autres non. Dès lors n'est-ce pas la distinction entre ceux qui ont eu de « bons modèles » et ceux qui ont eu de « mauvais modèles » qui génère l'opposition entre ceux qui apparaissent comme les « élus » et ceux qui apparaissent comme les « réprouvés » ? Il va sans dire que le recours à la notion de « modèle » et d'« imitation » justifie tous ces intermédiaires que sont les prêtres et, au-dessus d'eux, les Saints et la Vierge Marie, tous rejetés dans la perspective protestante.

Ainsi l'ensemble des grandes affirmations catholiques permet de tracer la ligne de partage avec les Eglises orthodoxe et protestante.

II – LE CLIVAGE AVEC LES EGLISES PROTESTANTE ET ORTHODOXE

Des sept grandes affirmations catholiques qui viennent d'être rappelées, les deux premières se ramènent finalement à celle de la Sainte Trinité et de la pleine divinité et humanité du Christ. Elles sont communes aux grandes confessions chrétiennes, et sur ce point, il n'y a donc pas divergence entre la position catholique et les positions orthodoxe et protestante - ce qui n'est pas le cas pour les cinq affirmations suivantes, rejetées par le protestantisme (A), mais partagées dans l'ensemble, avec des différences certes, par l'Eglise orthodoxe (B).

A – LE CLIVAGE AVEC LES EGLISES PROTESTANTES

Les cinq dernières affirmations - concernant l'Eucharistie, la Vierge Marie, les Saints, les prêtres et le Salut - sont rejetées par les Eglises protestantes qui dénoncent, dans la doctrine catholique, le « sacramentalisme » (qui trouve sa manifestation par excellence dans l'Eucharistie et également l'Ordination), le sacerdotalisme (des évêques et des prêtres), mais aussi l'idolâtrie (dont l'illustration serait le culte de la Vierge Marie et des Saints) - le sacramentalisme et le sacerdotalisme n'étant d'ailleurs que les moyens de servir cette prétendue idolâtrie.

Aussi n'est-il pas étonnant que toutes les tentatives pour rapprocher les Eglises protestantes de l'Eglise catholique, furent vouées à l'échec. A cet égard le *concile de Trente*, bien loin d'avoir « mis de l'huile sur le feu » comme on le lui a reproché, avait introduit une vraie réforme de l'Eglise : *contre-Réforme ou réforme catholique ?* interroge à ce sujet Yves Chiron (p. 181) qui rappelle que, dans une volonté conciliatrice, le cardinal Cajetan était même allé jusqu'à accepter le mariage des prêtres ! Ne devaient pas réussir non plus, un siècle plus tard, les efforts déployés par Leibniz, luthérien modéré, par ses voyages à Paris, ses rencontres avec Arnauld et Bossuet, sa proposition que les Eglises luthérienne et calviniste reconnaissent la séculaire primauté du pape. La tentative de Leibniz est sans doute la dernière, car par la suite, les Lumières (à la différence du *concile de Trente*) mettront plutôt « de l'huile sur le feu », elles attiseront la « rivalité mimétique » entre les confessions, qui connaîtra une exaspération croissante dont le *Kulturkampf* de Bismarck est le sommet.

Les Eglises protestantes restent en effet celles des quatre premiers conciles œcuméniques puisque, à partir surtout des Lumières, sont rejetés le cinquième *concile de Constantinople II* (553) qui avait qualifié Marie de *sainte et glorieuse Mère de Dieu, toujours vierge*, et le sixième *concile de Constantinople III* (680-681) qui avait rappelé la primauté de la papauté comme gardienne de la foi.

Mais qu'en est-il des rapports de l'Eglise catholique avec l'Eglise orthodoxe ?

B – LE CLIVAGE AVEC L'EGLISE ORTHODOXE

Les cinq dernières grandes affirmations catholiques rappelées sont, avec des différences, partagées par l'Eglise orthodoxe, notamment la reconnaissance des sept

Sacrements. Comme il est normal, cette Eglise accorde plus d'importance aux Saints qui lui sont spécifiques, ceux qui ont œuvré dans les territoires « d'Orient », et les évêques jouent un rôle aussi éminent que dans la doctrine catholique (« L'évêque est dans l'Eglise et l'Eglise est dans l'évêque » selon Saint Cyprien). Cependant, même si la primauté du pape ne fut pas toujours contestée, le refus de Rome est le grand point d'accord avec les Eglises protestantes.

De plus il semble que, sur le plan doctrinal, l'Eglise orthodoxe se rapproche parfois des Eglises protestantes (notamment peut-être, dans leur refus commun du huitième *concile de Constantinople IV* sur la « procession du Saint-Esprit » ou *filioque* évoqué plus haut). Ceci expliquerait les tentatives de rapprochement entre l'Eglise orthodoxe et les Eglises protestantes (telle celle qui eut lieu en Russie, au début du XIXe siècle, sous Alexandre Ier) - tentatives vouées à l'échec, n'ayant pas plus de chances de réussir que celles pour rapprocher l'Eglise orthodoxe de l'Eglise catholique, dont la dernière est celle du *concile de Vatican II*, et la plus ancienne celle du *concile de Lyon II* en 1274 qui avait pu rétablir une éphémère union jusqu'en 1281 (Y. Chiron, *op. cit.*, p. 130-132), en passant par celle du *concile de Florence* : celui-ci était parvenu à faire accepter, de nouveau, un décret d'union, le 5 juillet 1439, ayant trouvé, sur le *filioque*, une formule de compromis avec les évêques grecs qui, en outre, reconnaissaient le pape comme « successeur de Pierre », « vicaire du Christ », et « tête de l'Eglise » - « décret d'union » qui devait lui aussi demeurer caduc (Y. Chiron, *op. cit.*, p. 164).

En tout état de cause, l'Eglise orthodoxe est celle des « sept premiers conciles » car, à partir du huitième, le *concile de Constantinople IV* sur « le schisme de Photius », tous sont rejetés, sans doute pour ne pas reconnaître la primauté de Rome et de « l'Occident ». Au contraire, l'Eglise catholique, Eglise des vingt-et-un conciles, reste le véhicule privilégié des grandes affirmations catholiques.

SECTION 2 : L'ENSEIGNEMENT DES AFFIRMATIONS CATHOLIQUES

Les grandes affirmations catholiques sont porteuses d'au moins deux grands enseignements - en apparence d'ordre très différent, en réalité complémentaires - que l'on peut énoncer sous forme de deux principes : d'une part ce que l'on peut appeler le « principe de la hiérarchie des médiations » (I), d'autre part le principe découvert par John-Henry Newman, au milieu du XIXe siècle, celui du « devenir dans la formation des dogmes » (II) - deux principes entièrement corroborés par la « théorie mimétique » de René Girard puisqu'ils visent, en dernier ressort, à prévenir la violence.

I – LE PRINCIPE DE LA HIERARCHIE DES MEDIATIONS

Ce principe connaît son fondement dans les Sacrements (A), sa justification dans son but de mettre fin à la violence (B).

A – LE FONDEMENT DU PRINCIPE : LES SACREMENTS

L'Eglise reconnaît sept Sacrements : le Baptême, la Pénitence, l'Eucharistie, la Confirmation, l'Ordination, le Mariage et l'Extrême-onction - ce qui est un sujet de litige avec les protestants qui ne reconnaissent que le Baptême et « la Cène » désignant l'Eucharistie.

C'est le *Concile de Trente* qui a traité des Sacrements, tout d'abord de l'Eucharistie (décret du 11 octobre 1551), comme il devait traiter également de la Pénitence et de l'Extrême-onction avec une ampleur jamais atteinte jusque là, mais aussi, par deux décrets de 1563, du Mariage dont est affirmé le caractère *indissoluble* (inséparable de sa nature sacramentelle), et de l'Ordination au sujet de laquelle Yves Chiron souligne que « l'existence d'un sacerdoce visible, hiérarchiquement ordonné, d'institution divine, composé de prêtres et d'évêques » est réaffirmée (Y. Chiron, *op. cit.*, p. 195). Il va sans dire que le protestantisme, et tout d'abord Luther, dans sa conception du « sacerdoce universel » (qui fait de chaque fidèle un « prêtre en Jésus-Christ »), ne put admettre ce dernier Sacrement, pas plus d'ailleurs que tous les autres tels que définis par la doctrine catholique.

Pour la doctrine catholique, en effet, les sept Sacrements accompagnent le fidèle dans toutes les grandes étapes de sa vie, de la naissance à la mort. Ainsi pourraient-ils être associés aux « rites de passage » des religions archaïques, étudiés par les ethnologues, par Van Genepp en particulier, en 1909 - cela pour les dénoncer comme survivance d'une pratique archaïque et idolâtre. A cet égard René Girard a montré que la fonction des « rites de passage » était de contourner et de prévenir la violence qui résulterait de l'indifférenciation et de l'uniformisation si n'était marqué, par une pratique spécifique et solennelle, le passage d'un âge à un autre (R. Girard, *La violence et le sacré*, chapitre IX « L'unité de tous les mythes ».

Il en résulte que les Sacrements, tout comme les « rites de passage », s'inscrivent dans la lutte contre la violence - en cela, les « rites de passage » ont déjà quelque chose de chrétien. Il faut donc, suivant la méthode même de Girard, inverser la façon traditionnelle de voir les choses : ce ne sont pas les Sacrements qui renvoient à la pratique magique et archaïque des « rites de passage », ce sont au contraire les « rites de passage » qui, sous une forme dégradée et parfois même inversée, préfigurent les Sacrements car ils remplissent la même fonction : la lutte contre l'indifférenciation et la violence. C'est en effet ce même raisonnement « à rebours » que Girard a déjà employé pour les sacrifices et pour les « mythes de mort et de résurrection » des religions archaïques. C'est le même raisonnement que l'on peut suivre pour le culte de la Vierge Marie, comparé à celui de la « Vierge-Mère » qui se rencontre dans nombre de vieilles religions : ce n'est pas le culte de la Vierge Marie qui est un retour à cet ancien culte, c'est cet ancien culte qui préfigurait, de façon voilée et dégradée, le vrai culte, authentiquement religieux - comme il a été rappelé, le paganisme contient toujours une part de vérité qui est divine. Mais c'est précisément cette prétendue idolâtrie que le protestantisme moderne rejette tant dans le culte de la Vierge Marie que dans le principe de la hiérarchie des médiations et de son fondement dans les Sacrements - principe qui pourtant se trouve justifié pour mettre fin à la violence.

B – LA JUSTIFICATION DU PRINCIPE : LE REFUS DE LA VIOLENCE

Le principe de « la hiérarchie des médiations » est incontestablement, pour reprendre les termes de Girard, un rempart contre l'indifférenciation (1-), un moyen privilégié de recherche de la « bonne imitation » (2-) et de découverte de la « bonne distance » entre la créature et le Créateur (3-).

1 – La lutte contre l'indifférenciation

Le système hiérarchisé de médiations, de la Vierge Marie aux prêtres, en passant par les Saints est, accompagné de la distinction et de l'administration des Sacrements, un rempart contre ce que Girard appelle « l'indifférenciation », l'effacement des distinctions qui attise la « rivalité mimétique », provoque la confusion des rôles et la prolifération des doubles « dont le rêve est de s'entrégorger ». Ce système fonctionne comme un garant de la *médiation externe* qui est régulatrice de l'action et s'oppose à la *médiation interne* qui tend à supprimer toutes les différences et distinctions pour aboutir à « l'indifférenciation », source de conflits et génératrice de violence. Selon la remarque d'Alfred Simon (« Les masques de la violence », in *La violence et le sacré*, Grasset, Pluriel, p. 520), « il faut saisir l'indifférenciation comme violence, ce que ne fait pas la pensée moderne qui, égalitaire dans son principe, voit au contraire dans la différence un obstacle à l'harmonie entre les hommes ». Ainsi l'indifférenciation vise-t-elle à cacher le « meurtre collectif », la « violence fondatrice ».

Ce système de médiation s'oppose à ce que Shakespeare (R. Girard, *Shakespeare, Les feux de l'envie*, Grasset, 1990) appelait le *mauvais mélange* ou encore la *crise du Degré* (traduction mot à mot, faute de mieux, de *crisis of Degree*) pour désigner la perte du sentiment des rangs, des distinctions, des hiérarchies, et la victoire corrélative de cette force qui « détruit la structure différentielle de la société » (p. 12), qui s'oppose à cet « ordre différentiel » qu'est un « ordre culturel » donné.

A la *crise du Degré*, on pourrait ainsi opposer le *principe du Degré* qui est un moyen privilégié dans la recherche de la « bonne imitation ».

2 – La recherche de la « bonne imitation »

Si le Christ est le seul médiateur entre Dieu et la créature, la « distance infinie » qui sépare la créature du Christ, requiert de nouveaux médiateurs, d'abord la Vierge Marie, puis les Saints, enfin les prêtres (et toute personne) capables d'offrir un vrai modèle du Christ, une véritable *imitation de Jésus-Christ*. La justification de la médiation est en effet l'imitation de Dieu par le Christ, et l'imitation du Christ par tout fidèle : la médiation est justifiée lorsqu'apparaissent de « bons modèles ». Girard parle « d'une chaîne infinie de *bonne imitation*, d'imitation sans rivalité que le christianisme cherche à constituer », ajoutant que « les *saints* sont les maillons de cette chaîne » (R. Girard, *Les origines de la culture*, p. 137). Ainsi le *principe du Degré* apparaît-il comme une source continue, logique et ordonnée de « bonne imitation ».

René Girard a parfaitement décrit les vertus du vrai modèle, du bon modèle. L'imitation du Christ ne saurait relever de la *médiation externe* qui propose un modèle encore « trop humain » dans la mesure où il peut générer l'envie et l'orgueil, un secret égoïsme, même s'il invite l'individu à se dépasser lui-même. Elle ne saurait relever non plus de la *médiation interne* qui est généralement source de violence, et bien qu'il puisse y avoir une bonne « médiation interne », ce qui peut être le cas avec les médiations familiale, éducative et religieuse. En tout état de cause, l'imitation du Christ exclut toute « rivalité mimétique ». Si le Christ est toujours un modèle, il ne saurait jamais être un obstacle. Pour la distinguer tant de la médiation externe que de la médiation interne, Girard, selon une suggestion de Benoît Chantre, la qualifie de *médiation intime*, invoquant Saint Augustin (repris par Saint Thomas) : « Dieu nous est plus intime que nous ne le sommes à nous-même, *Deus interior intimo mea* (*Achever*

Clausewitz, p. 235). Or n'est-ce pas précisément ce que réalise la communion dans l'Eucharistie ? Car c'est la « présence réelle » du Christ dans l'Eucharistie qui invite le plus fortement le fidèle à suivre son modèle.

3 – La découverte de la « bonne distance » entre la créature et le Créateur

La réconciliation de Dieu et de l'homme, de Dieu et du monde, ne doit jamais aller jusqu'à leur confusion ainsi que l'avait bien expliqué Saint Thomas : s'il ne faut jamais séparer Dieu de l'homme et du monde, c'est-à-dire la transcendance de l'immanence, il ne faut jamais aller jusqu'à les confondre. Deux grands commentateurs modernes de Saint Thomas ont dénoncé, chacun de leur côté, ces deux dangers opposés que représentent d'une part la séparation complète de la transcendance et de l'immanence, et d'autre part leur confusion totale. Pour ce qui est du danger de la séparation complète, c'est St. M. Gillet (*Thomas d'Aquin*, Les constructeurs, 1949, p. 160-162) qui l'a dénoncée sous le nom d'*extrincésisme*. En ce qui concerne le danger opposé de la confusion totale, sa dénonciation devait appartenir au Père Edouard Hugon (*Les vingt-quatre thèses thomistes*, 1920, p. 211-212) sous le nom de *consubstantialisme*, rappelant l'aversion de Saint Thomas pour toute affirmation de « la *consubstantialité* de Dieu et de la nature... Telle fut la théorie du monisme grec, lequel reparut au moyen-âge avec Scot Erigène, Amaury de Chartres, David de Dinant, avec le mysticisme outré d'Eckart, puis fut érigé en système au XVIe siècle par Giordano Bruno, au XVIIe par Spinoza sous le nom de panthéisme ».

René Girard s'accorde parfaitement avec cette perspective médiatrice lorsqu'il définit la sainteté (dont il trouve la profonde aspiration chez Hölderlin) comme

« une distance retrouvée avec le divin » (*Achever Clausewitz*, p. 219), à *l'imitation du Christ*, à l'imitation de la « relation de retrait qui le lie à son Père ». « Le Christ, dit Girard, est le seul à nous mettre tout de suite à la bonne distance » (p. 220). Cette « prise de distance », Girard en retrouve l'intuition chez Pascal lorsqu'« il évoque la distance qu'il faut pour voir un tableau, ni trop loin, ni trop près », *le point indivisible*, dit Pascal, *qui soit le véritable lieu* (p. 236).

Le principe de « la hiérarchie des médiations » est particulièrement approprié pour découvrir la « bonne distance » entre la créature et le Créateur, la « bonne imitation » qui doit accompagner le fidèle tout au long de sa vie. La « bonne imitation » procède en effet de la *médiation intime* qui réalise une sorte de synthèse entre la *bonne médiation interne* (celle qui exclut toute rivalité mimétique) et la *bonne médiation externe* (celle qui exclut tout risque d'orgueil). L'imitation étant d'abord celle de la médiation familiale, éducative et religieuse, elle est « bonne imitation » lorsque la famille, l'Ecole, le premier enseignement religieux, offrent de « bons modèles », elle se traduit alors par *l'admiration*. Elle se poursuit ensuite, pour les âmes privilégiées, par l'aspiration à la sainteté, et se traduit, dans ce cas, par *la vénération*. Elle trouve enfin son accomplissement dans la contemplation de Dieu qui se traduit par *l'adoration* puisque *Dieu seul est adorable*. La « hiérarchie des médiations » remplit une fonction éminemment pédagogique, centrée sur la spiritualité, et dont l'ultime ressort reste toujours l'imitation du Christ.

Mais qu'en est-il du second enseignement, celui du devenir dans la formation des dogmes ?

II – LE PRINCIPE DU DEVENIR DANS LA FORMATION DES DOGMES : JOHN-HENRY NEWMAN

La découverte du devenir dans la formation des dogmes doit être reconnue à ce « héros de la pensée chrétienne » que fut, selon Jean Guitton, John-Henry Newman (1801-1890). A cet égard rien n'illustre mieux *l'esprit du catholicisme* que l'exemple unique de ce prêtre anglican converti au catholicisme jusqu'à devenir cardinal à la fin de sa vie, et auquel Jean Guitton avait consacré, en 1933, un très savant ouvrage, *La philosophie de Newman. Essai sur l'idée de développement*. Nous rappellerons tout d'abord comment Newman a effectué sa découverte du « principe du développement » (A), pour illustrer ensuite ce principe par les exemples privilégiés des dogmes voués à l'Eucharistie et à la Vierge Marie (B), ce qui nous amènera à considérer Newman comme le pionnier qui a mis en lumière le caractère scientifique et évolutif des dogmes (C).

A – LA DECOUVERTE DU « PRINCIPE DU DEVELOPPEMENT »

Elevé dans la haine du « papisme », Newman devint, à vingt-trois ans, diacre de l'Eglise anglicane, où sa personnalité et sa culture lui permirent d'exercer tout de suite une grande influence sur les fidèles. S'appliquant d'abord à justifier l'Eglise anglicane, il devait être amené à réviser sa position par l'étude des hérétiques des IVe et Ve siècles. En 1843, il se retire à la campagne pour exercer son ministère dans le calme et la réflexion. Il lui apparaît alors qu'il existe une « identité substantielle » entre le christianisme primitif et le catholicisme, le passage de l'un à l'autre s'expliquant par le « principe du développement ». En 1845, il donne son ouvrage fondamental *Essai sur le développement de la doctrine chrétienne* et se convertit au catholicisme, puis est ordonné prêtre à Rome, en 1847. Il exerce alors dans différentes institutions catholiques du Royaume-Uni, essayant, sans grand succès, d'établir le dialogue avec la hiérarchie anglicane, tandis que les instances catholiques sont quelque peu désopilées par la tournure de cet esprit britannique, trop opposé à leur formation continentale - ce qui n'empêche nullement Newman d'accroître son prestige auprès de fidèles de différentes confessions, et d'être créé cardinal par le pape Léon XIII en 1879.

C'est donc à sa découverte du « principe du développement » que Newman doit sa conversion au catholicisme - de même, par un itinéraire analogue (à savoir, purement scientifique), c'est à sa découverte du « principe mimétique » que Girard doit son retour au christianisme. La découverte de Newman est celle de la conception évolutive des dogmes, la mise à jour de la notion de « développement » dans la gestation et la naissance des dogmes. On a, en effet, trop tendance à considérer les dogmes comme des vérités établies, pour ne pas dire « toutes faites », énoncées *ex cathedra* par le pape, ou décrétées par un concile ; Newman, l'un des premiers, a le mérite de comprendre que les dogmes sont le résultat de tout un travail de réflexion, le produit d'une lente maturation, et qu'ils ne peuvent apparaître qu'au terme d'une longue élaboration. Reprenant la célèbre opposition de Lalande entre *raison constituée* et *raison constituante*, on pourrait dire que, jusqu'à Newman, on n'avait considéré que le *dogme constitué*, le dogme proclamé par l'Eglise, solennellement, dans toute sa rigidité et son inamovibilité, par l'infaillibilité pontificale, avec donc ce que l'on pourrait appeler « l'autorité de la chose dogmatisée ». Newman veut prendre en compte le *dogme constituant*, les opérations besogneuses qui ont présidé à sa découverte, les difficultés que son élaboration a soulevées, les réponses qu'il a apportées, non péremptoirement, mais au contact des Ecritures interprétées par l'expérience patristique - la proclamation du dogme n'étant que l'acte final de ce processus. Autrement dit, Newman s'intéresse à l'histoire et à la préhistoire de la production du dogme, et même à sa véritable genèse dans le christianisme primitif. Celui-ci contenait les germes que la tradition des Pères de l'Eglise et de leurs successeurs n'a fait que cultiver, amener lentement à maturité. La différence entre les germes du christianisme primitif et les dogmes proclamés est donc un peu la même que celle du latent au manifeste, du virtuel à l'effectif, du général au particulier, de l'abstrait au concret, de la substance à l'instance, ou encore, selon les termes d'Aristote, de la *puissance* à l'*acte*. Ces germes, comme tout ce qui est « en puissance », contenaient du bon et du mauvais, du vrai et du faux, de l'orthodoxe et de l'hérétique. Mais on ne peut faire le tri, le discernement qu'après un premier stade de maturation. C'est pourquoi il faut laisser les hérésies se développer quelque peu, pour mettre à jour leurs contradictions, pour mieux les confondre : si le dogme se constitue *contre* les hérésies, il se constitue également *à partir* d'elles et *grâce* à elles. C'est peut-être en ce sens que Saint Paul dit qu'« il faut des hérétiques ». De ce processus, nous donnerons deux illustrations privilégiées.

B – LES ILLUSTRATIONS DU PRINCIPE

L'illustration du « principe du développement » est particulièrement lumineuse avec l'exemple des dogmes consacrés à l'Eucharistie d'une part (1-) et à la Vierge Marie d'autre part (2-).

1 – Les dogmes consacrés à l'Eucharistie

Pierre Batiffol, dans *L'eucharistie. La présence réelle et la transsubstantiation* de 1913, a montré le bien-fondé du « principe du développement » dans les dogmes consacrés à l'Eucharistie.

Dans la continuité du *concile de Latran IV* (1215), c'est le *concile de Trente*, réuni plus de trois siècles après, qui a fixé la doctrine de l'Eglise sur l'Eucharistie en reprenant l'expression de *transsubstantation* pour désigner la *conversion* effective du pain et du vin dans le corps et le sang du Christ. Dans la *Somme théologique* (1266-1274), Saint Thomas avait repris le terme de *transsubstantiation* pour désigner cette *conversion* effective. Pierre Batiffol, dans sa savante étude, nous apprend que le terme *conversion* (dans son équivalent latin, et ses synonymes grecs et latins), assorti du qualificatif de *substantielle*, était apparu, dans les écrits des Pères de l'Eglise, à la fin du IVe siècle ; auparavant la doctrine catholique disposait déjà du dogme de la « présence réelle » du Christ dans le pain et le vin, dogme qui lui-même, étant suffisamment « démontré » par l'Ecriture, appartenait au *dépôt de la foi, depositum fidei* (P. Batiffol, *op. cit.*, Epilogue, p. 500).

C'est le dogme de la « présence réelle », premier dogme originaire contenu dans l'Ecriture, qui se serait développé pour donner naissance, à la fin du IVe siècle, au dogme de la « conversion substantielle », avant d'aboutir à sa « définition conciliaire par *Latran IV* », puis par le *concile de Trente*, dans le dogme de la *transsubstantiation*.

Mais, c'est en se référant explicitement à Newman que Jean Guitton a donné une illustration particulièrement lumineuse du « principe du développement » avec les dogmes consacrés à *La Vierge Marie*.

2 – Les dogmes voués à la Vierge Marie

Le titre donné à la Vierge de *Mère de Dieu* (*Theodokos*), les dogmes de l'*Immaculée Conception*, de l'*Assomption*, ne se trouvent nullement dans les Evangiles. Il faut pourtant admettre qu'ils y étaient contenus en germe, à l'état latent, et qu'ils ont été dégagés peu à peu par la tradition savante de l'Eglise. Cela très vite pour le titre de *Mère de Dieu* déjà présent dans la « période anténicéenne », avant d'être consacré par le *troisième concile œcuménique*, celui *d'Ephèse* (431). Beaucoup plus lentement pour le dogme de *l'Immaculée Conception* qui se rencontre, au XVe siècle, dans les constitutions du pape Sixte IV, avant d'être reconnu par le *concile de Trente* au XVIe siècle, puis proclamé, en 1854 par Pie IX. Encore plus lentement pour le dogme de l'*Assomption*, reconnu dès le VIIIe siècle par Saint Jean Damascène, mais proclamé seulement en 1950 par Pie XII.

Une approche « statique » des Evangiles ne peut que contester et nier la vérité des dogmes, seule une approche « dynamique » peut la mettre à jour. En effet les dogmes font partie de la « logique interne » des Evangiles et de l'Ecriture sainte, mais cette logique ne peut apparaître immédiatement ; il faut la découvrir par tout un travail de comparaison des textes, de confrontation avec les hérésies, mais aussi de communion avec le développement des notions en question par leur appréhension successive, au cours des âges, par la réflexion des Pères de l'Eglise, des papes et des conciles : les dogmes s'imposent lorsqu'ils sont les conséquences de la vérité évangélique et biblique. Ainsi le titre de *Mère de Dieu* est une conséquence de l'Incarnation et de la « maternité divine ». Mais ces conséquences, il faut en expliquer la genèse, le cheminement et le bien-fondé, à la lumière de la notion de développement et de la conception dynamique des dogmes. C'est pourquoi, à l'approche « statique » des Evangiles, Newman substitue leur approche « dynamique », car c'est bien la « dynamique dogmatique » qui éclaire et donne tout son sens à la « statique dynamique ». En tous cas l'époque de Newman était propice à une prise en compte de l'évolution - ce qui confirme le caractère scientifique et évolutif des dogmes.

C – LE CARACTERE SCIENTIFIQUE ET EVOLUTIF DES DOGMES

Jean Guitton a dit de Newman qu'il fut un « héros de la pensée chrétienne » (J. Guitton, *La philosophie de Newman*, Introduction, p. IX), ne peut-on ajouter qu'il en fut également un savant ? Car tout son travail a une visée incontestablement scientifique : le dogme apparaît comme une vérité scientifique à laquelle s'ajouterait la foi, puisque le dogme c'est « la foi ajoutée à la science », un pur produit de *la foi à la recherche de l'intelligence*.

A cet égard, si le dogme se constitue contre les hérésies, celles-ci ne joueraient-elles pas un peu le même rôle dans la connaissance théologique que l'erreur dans la connaissance scientifique ? Bachelard a montré que la science n'est pas une simple accumulation du savoir, qu'elle avance par crises, par contradictions surmontées et rectifications successives : elle est la connaissance qui doit sans cesse se rectifier ou se renverser, la « connaissance approchée » (G. Bachelard, *La connaissance approchée*, Vrin, 1932) - Granger allant jusqu'à la définir comme la « connaissance erronée », une connaissance où l'erreur a sa place, puisque l'« erreur vulgaire » accède au statut d'« erreur scientifique » (G.-G. Granger, *Pensée formelle et science de l'homme*, Aubier, 2e éd., 1967). L'erreur peut donc être source de progrès et d'évolution. C'est ainsi que Darwin fondait sa « théorie de l'évolution » sur les *variations héréditaires* qui se rencontrent dans la vie des espèces. Et Jacques Monod (*Le hasard et la nécessité,* 1972) a montré que ces variations correspondaient à des *erreurs* dans la transmission de l'information biologique.

Or Jean Guitton a signalé le rapprochement qui pouvait être fait entre Newman et son contemporain et concitoyen, Darwin, auteur de *L'origine des espèces* en 1859 - ce qui ferait de Newman « le Darwin du christianisme » en ce qu'il a montré le passage du christianisme primitif au catholicisme, mais il est aussi le « Darwin du catholicisme » dans la mesure où il a retracé l'évolution du catholicisme, du christianisme primitif au catholicisme de son époque. Car lui aussi propose une dynamique, une prise en compte de la dimension temporelle et évolutive qui vient compléter et confirmer la grande statique thomiste.

*
* *

Le « principe du développement » qui explique le passage du christianisme primitif au catholicisme, pourrait être interprété comme la poursuite, dans l'univers du christianisme, du « processus sélectif » de lutte contre la violence qui conduit des religions archaïques et de la religion judaïque à la religion chrétienne. Le principe de la « sélection culturelle » explique le passage de l'Ancien Testament au Nouveau puisque la religion judaïque fut la première à remettre en cause la divinité persécutrice, à la faire vaciller de son piédestal, même si ce n'est qu'avec la religion chrétienne qu'elle sera vraiment dénoncée et renversée.

Le christianisme apparut *quand le temps fut accompli,* c'est-à-dire quand la « sélection religieuse » termina son œuvre parmi les religions archaïques et au sein même de la religion judaïque. Le christianisme devait connaître alors son propre développement, la *sélection religieuse* faisant place à une sélection plus spécifique et appropriée, que l'on pourrait appeler la *sélection chrétienne*. Newman, « le Darwin du christianisme », fut l'artisan de cette découverte, le savant qui rendit compte de cette « sélection chrétienne » : celle-ci qui a son origine dans le christianisme primitif, devait elle-même faire son chemin, parmi les doctrines, hérésies et schismes de toutes sortes, pour trouver ou retrouver sa voie originelle et parfaitement adéquate dans le catholicisme. C'est ici l'enseignement des conciles notamment, avec la nature à la fois divine et humaine du Christ, avec la conversion eucharistique, le culte de la Vierge Marie, la vénération des Saints, le rôle des évêques et des prêtres, le Salut par le Christ Rédempteur.

A cet égard la conception de Newman invite à nous demander si les hérésies ne marquent pas le retour au religieux archaïque. L'examen des hérésies condamnées par les premiers conciles irait bien dans ce sens puisque toutes visaient à minorer la divinité du Christ, ou à la majorer au point de nier l'humanité du Christ. Or l'union indissociable de la divinité et de l'humanité du Christ se manifeste dans la Parole de Celui qui, rompant avec toutes les religions précédentes, a annoncé la bonne nouvelle. L'histoire du catholicisme, est donc l'histoire de la « sélection catholique » comme perfectionnement et accomplissement de la « sélection chrétienne », de même que l'histoire du christianisme est l'histoire de la « sélection chrétienne » comme perfectionnement et accomplissement de la « sélection religieuse ».

Chapitre 9

RENE GIRARD, LECTEUR DE DOSTOÏEVSKI
TENEBRES ET LUMIERE DU SOUTERRAIN

Dostoïevski a accompagné Girard tout au long se son œuvre, depuis *Mensonge romantique et Vérité romanesque* de 1961 jusqu'à *La Conversion de l'Art* de 2008, en passant par *Dostoïevski : du Double à l'Unité* (Plon, 1963) et *Critique dans un Souterrain* (Grasset, 1976) (notre ouvrage *La « conversion romanesque » de René Girard*, L'Harmattan, 2018).

Girard distingue chez Dostoïevski, deux temps qui sont intimement liés au « souterrain » : celui de la recherche qui s'effectue dans les « ténèbres du souterrain » et révèle un « Dostoïevski prophétique » (Section 1), celui de la conversion qui s'opère à la « lumière du souterrain » et révèle un « Dostoïevski apocalyptique » (Section 2).

SECTION 1 : LA RECHERCHE DANS LES TENEBRES DU SOUTERRAIN : DOSTOÏEVSKI PROPHETIQUE

A partir des *Notes dans un Souterrain* et des *Possédés*, Girard (« Le désir mimétique dans le souterrain », 1997, in *La Voix méconnue du Réel*, Grasset, 2002) a pu découvrir que Dostoïevski avait développé une critique acerbe de la « mystique révolutionnaire ». Celle-ci caractérise l'homme du souterrain qui ne manque pas d'attribuer la cause de son mal-être à l'ordre social existant.

Dostoïevski, sincère révolutionnaire dans sa jeunesse, dénonce cette mystique qui, paradoxalement apparaît lorsque l'ordre social s'affaiblit et que la rivalité mimétique s'exaspère. Le moteur de cette mystique est « l'utopie socialiste » et son rêve d'une cité idéale où les hommes seraient tous frères. Ce projet implique à la fois l'athéisme et le scientisme : il faut « anéantir Dieu » pour bâtir un univers reposant uniquement sur la science et la raison afin de promouvoir une vie fraternelle, rationalisée jusqu'au bout. Ce « socialisme révolutionnaire » est exprimé par la doctrine du « Grand Inquisiteur » des *Frères Karamazov*, par les personnages de Chigaliev et de Verhovenski des *Possédés*, qui tous affirment que le bonheur social est incompatible avec la liberté humaine. Pour Verhovenski, véritable Méphistophélès, l'oppression la plus terrible est le prix d'une égalité totale. De son côté, Chigaliev déclare : « Parti de la liberté illimitée, j'ai abouti au despotisme illimité » - Girard résume ainsi son propos : « ... la seule voie d'accès à la liberté est le despotisme total. Quoique puisse faire la révolution pour assurer une totale liberté, c'est le contraire qui se produit » (p. 217). Qu'en 1871 Dostoïevski ait pu donner une vue aussi prophétique du futur régime révolutionnaire qui allait bientôt s'installer en Russie, ne manque pas d'être remarquable ! (p. 219).

D'où vient la lucidité prophétique de Chigaliev ? Celui-ci comprend que la révolution est un leurre vers lequel le révolutionnaire est irrésistiblement attiré, comme « l'éternel mari » est irrésistiblement attiré par « l'éternel amant » qui doit le tromper. Armé de « l'implacable logique de l'éternel mari » (p. 219), il ne peut comprendre que la révolution n'est qu'« un avatar du souterrain, aussi ridicule que véritablement tragique » (p. 220).

Mais la prophétie de Dostoïevski, entièrement réalisée dans son propre pays, n'en sonne pas moins comme un avertissement pour les démocraties modernes. Entre notre monde et celui de la Russie de la fin du XIXe siècle, il y a une « stupéfiante ressemblance ». Ce qui amène Girard à cette remarque essentielle : « Relisant *Les Possédés*, je ne puis m'empêcher de me demander si notre époque ne s'éloigne pas de Dostoïevski dans la mesure où elle est dostoïevskienne au sens souterrain du terme, c'est-à-dire mimétique jusqu'à l'hystérie » (p. 224).

En effet Dostoïevski ne prophétise pas seulement l'avenir du totalitarisme socialiste mais également celui des démocraties capitalistes, s'il est vrai, selon Nicolas Berdiaev, que le socialisme est « la chair de la chair et le sang du sang du capitalisme » (*L'Esprit de Dostoïevski*, 1921, trad. franç., Stock, 1945, p. 172). A cet égard la critique prophétique du *Grand Inquisiteur* pourrait s'appliquer non seulement aux régimes se réclamant du socialisme, mais également à toutes les sociétés modernes : « Tous seront heureux, les millions d'êtres humains... Nous les ferons travailler, mais dans leurs loisirs, nous organiserons leur existence comme un jeu d'enfant, avec des chansons enfantines, des chœurs, des danses innocentes. Oh ! nous leur permettrons jusqu'au péché, ils sont si faibles et désarmés... Nous leur donnerons le bonheur des créatures débiles qu'ils sont » (cité par N. Berdiaev, *op. cit.*, p. 174-175).

Notre époque réussit donc l'exploit d'être à la fois révolutionnaire, techniciste et romantique : romantique par le mythe du libre choix des individus, techniciste par la remise aux experts de ce prétendu libre choix qui confine à l'idolâtrie, révolutionnaire par sa dénonciation des contraintes sociales. Or ces trois cultes ont toujours désigné le même ennemi, la religion chrétienne qui pourtant est seule à pouvoir dénoncer « le modèle-obstacle de la rivalité mimétique » sur lequel ils reposent tous trois. Avant Girard, Dostoïevski a compris que le monde moderne a fait du christianisme son bouc émissaire : c'est ce qu'il n'a cessé de dénoncer.

SECTION 2 : LA CONVERSION A LA LUMIERE DU SOUTERRAIN : DOSTOÏEVSKI APOCALYPTIQUE

La « lumière du souterrain » peut faire apparaître les deux sens du mot *apocalypse* souligné par René Girard : « l'Apocalypse-catastrophe » qui renvoie à l'humanisme athée (A), et celui de « l'Apocalypse-Révélation » qui ouvre l'espérance du salut (B).

A – LA RECHERCHE DANS LE SOUTERRAIN : LA PROBLEMATIQUE DE L'HUMANISME ATHEE

Nicolas Berdiaev a montré que Dostoïevski avait effectué la critique la plus radicale qui n'ait jamais été faite de l'humanisme athée. De cette critique, l'éclairage qu'en donne Girard (1-) est entièrement confirmé par celui, plus ancien, de Berdiaev (2-).

1 – L'éclairage de René Girard

Le triple culte du « héros romantique », du « héros archaïque modernisé », du « héros révolutionnaire », ainsi que de « l'utopie socialiste » implique avant tout l'athéisme comme condition de réalisation de l'humanisme, c'est-à-dire l'humanisme athée. Ce projet est celui de l'Antéchrist du *Nouveau Testament*, cet imposteur qui, venant à la fin des temps, prétend apporter aux hommes ce que le christianisme promet mais n'apporte pas ; « c'est Satan, dit Girard, (qui) dans notre monde…, imite de mieux en mieux le Christ et prétend le dépasser » (*Je Vois Satan...*, p. 277).

L'humanisme athée n'a pas manqué, en effet, de tomber dans une nouvelle idolâtrie pour devenir, selon l'expression de Girard, « la proie du scandale » : « il suffit de préférer à la gloire qui vient de Dieu la gloire qui vient des hommes. Il suffit, en somme, de remplacer Dieu par un modèle humain et c'est la définition même du désir mimétique » (« Satan et le scandale », in *Girard*, L'Herne, 2008, p. 120). Car cette tentation et cette tentative de remplacer Dieu par l'homme est bien celle de toute la critique de la religion : ramener le christianisme au paganisme (« Dionysos contre le Crucifié » chez Nietzsche) c'est prôner la régression d'une religion non sacrificielle à une religion sacrificielle, c'est remplacer le Dieu chrétien par cette divinité persécutrice à forme humaine qu'est le Diable. Les humanistes athées (dont le prototype reste Feuerbach), ces « malheureux » dit Girard, sont victimes d'un « aveuglement », l'illusion d'une « immense fraternité » : « Ils ont annoncé le paradis mais c'est de l'enfer qu'ils parlent, l'enfer dans lequel ils sont eux-mêmes en train de s'enfoncer ». Or ces « malheureux », ne sont-ils pas les hommes modernes dénoncés par Dostoïevski dans ses *Lettres d'un Souterrain* : « Les hommes se flattent d'avoir rejeté les antiques superstitions mais ils sont en train de s'enfoncer dans le sous-sol, dans ce souterrain où triomphent des illusions de plus en plus grossières » (*Mensonge romantique...*, p. 78) ? Ainsi, à la lumière de Dostoïevski, on comprend qu'il ne s'agit pas, pour ces malheureux, de « récupérer *sur* terre les trésors gaspillés au ciel » (selon la formule du jeune Hegel, reprise par Feuerbach), mais plutôt de « récupérer *sous* terre » ces mêmes trésors, comme devait le confirmer l'éclairage qu'en a donné Nicolas Berdiaev.

2 – L'éclairage de Nicolas Berdiaev

Selon Nicolas Berdiaev, Dostoïevski a parfaitement compris la logique du socialisme qui présuppose l'athéisme : « Si Aliocha n'avait pas cru en Dieu, il se serait fait socialiste ». La question de la révolution, dit Berdiaev, c'est la question du socialisme, et la question du socialisme est « une question religieuse, rien autre que la question de Dieu et de l'immortalité ». Dostoïevski écrit : « Le socialisme n'est pas seulement une question ouvrière…, mais c'est surtout la question de l'athéisme…, la question de la tour de Babel édifiée sans Dieu, non pour s'élever de la terre vers le ciel, mais pour faire descendre le ciel sur la terre » (cité par N. Berdiaev, *op. cit.*, p. 170).

Berdiaev définit l'humanisme comme « la doctrine de l'homme qui se suffit à lui-même », la doctrine de « l'auto-affirmation de l'homme ». Or « l'apparition du rêve du surhomme et de la surhumanité, de la morale supérieure humaine, indique que l'humanisme s'est usé et a pris fin » (p. 119). Les exemples les plus célèbres de « l'humanisme athée » le prouvent suffisamment que ce soit avec le culte du Surhomme chez Nietzsche, ou l'objectif de « l'homme universel de la société sans classe » de Marx. « Au nom du bonheur d'une humanité future (ou) de la révolution universelle… il est permis de torturer ou de tuer un homme, une quantité d'hommes, de transformer tout être en simple moyen devant servir à une grande idée, à un but élevé » - cette « grande idée », ce « but élevé » n'étant qu'une idole qui n'a rien à envier à celles des cultes archaïques. Car, si Dieu n'existe pas, « tout est permis » au Surhomme, « au nom de la liberté illimitée (c'est l'individualisme extrême) » ou « au nom de l'égalité illimitée (c'est l'extrême collectivisme) » (p. 120). Le paradis promis par cet « humanisme athée » est bien un véritable enfer : « La liberté sans Dieu se détruit elle-même », elle « se transforme en esclavage » (p. 169).

En effet toute tentative de remplacer Dieu par l'homme, connaît un prolongement inéluctable, celui de remplacer l'homme par la matière et ainsi de remettre en cause l'homme lui-même. Dostoïevski a particulièrement mis en lumière cette déshumanisation de l'homme sans Dieu, ainsi que l'a souligné Nicolas Berdiaev : « l'idée de Dieu est la seule idée surhumaine qui ne détruise pas l'homme, qui ne le transforme pas en un simple moyen, en un instrument » (p. 119). C'est pourquoi, avec Berdiaev, on peut trouver chez Dostoïevski, l'illustration la plus saisissante de cette formule éminemment chrétienne qui trouve sa justification dans l'Incarnation du Christ, dans le mystère du « Dieu fait Homme ».

B – LA LUMIERE DU SOUTERRAIN : LA REVELATION CHRETIENNE

La position de René Girard (1-) est entièrement confirmée par le « christianisme de Dostoïevski » que Nicolas Berdiaev a été, naguère, le premier à révéler (2-).

1 – René Girard : l'ordre et le désordre

Le « souterrain » n'est pas seulement le lieu privilégié de la « possession démoniaque », le royaume de « l'ange des ténèbres » selon l'expression de Jacques Madaule (*Le Christianisme de Dostoïevski*, Bloud and Gay, 1939), il peut être aussi « l'antre sacrée » d'où s'élève « l'ange de lumière ». On peut y découvrir « l'esprit de vie » de l'Ecriture, cette autre force dont l'origine est mystérieuse. Il s'agit du pressentiment de terres mystérieuses qui sont la vraie patrie de l'homme.

« L'ange des ténèbres » s'efface devant « l'ange de lumière », lui cède sa place, comme chez Girard le « mensonge romantique » fait place à la « vérité romanesque », le « mensonge archaïque » à la « vérité chrétienne ». « La vérité du désir est la mort, dit Girard, mais la mort n'est pas la vérité de l'œuvre romanesque » car, dans la conclusion, « le malade est guéri. Stéphane Trofimovitch évoque ce miracle au moment de sa mort... Son vagabondage conduit le vieillard sur un misérable lit d'auberge où la colporteuse d'évangiles lui lit le texte de Saint Luc. Le mourant perçoit la vérité dans le récit des démons de Gérasa. C'est du désordre suprême que naît l'ordre surnaturel » (*Mensonge romantique...*, Conclusion, p. 325). La colporteuse d'évangiles « est une médiatrice entre le pécheur et le texte sacré » (p. 326). Le pécheur est le possédé des *Démons de Gérasa* qui « habite parmi les tombes » et qui se réfugie dans un « *troupeau* de porcs » après avoir dit : *mon nom est Légion parce que nous sommes nombreux en moi*. En effet il est « dépossédé de lui-même » car il est « possédé » d'une multitude de désirs, semblables à des morts-vivants. Le Christ le délivre en faisant passer les démons qui l'habitent dans le troupeau de porcs... : le pécheur est alors converti à une nouvelle vie, le Christ a opéré en lui le miracle d'une nouvelle naissance.

Au moment de sa mort, Stéphane renie toute sa vie. « Il y a deux morts antithétiques dans la conclusion des *Démons...* une mort qui n'est que mort, celle de Stravogine, et une mort qui est vie, celle de Stéphane Trofimovitch ». Il en va de même dans *Les Frères Karamazov* où s'opposent la folie d'Ivan et la conversion rédemptrice de Dimitri, ainsi que dans *Crime et Châtiment* « où s'opposent le suicide de Svridigaïlov et la conversion de Raskolnikov... Toutes les conclusions dostoïevskiennes sont des commencements. C'est une vie nouvelle qui débute, parmi les hommes ou dans l'éternité » (p. 326). Du « gentilhomme russe » célébré par Versilov, « on peut toujours attendre, dit Jacques Madaule, un élan vers le bien, qui contredit toute leur conduite antérieure » (*Dostoïevski*, Editions Universitaires, 1956, p. 112).

Ainsi le premier moment, la *première perspective*, celle de « la recherche dans les ténèbres du souterrain » trouve sa solution et sa fin dans le second moment, la *seconde perspective*, la *perspective finale*, celle de « la conversion à la lumière du souterrain » qui est donc une *rétrospective*. Le vagabondage de Trofimovitch s'arrête auprès de la colporteuse d'évangiles, le crime de Raskolnikov connaît, son pardon par la conversion de ce dernier. Dans *Les Frères Karamazov*, la folie d'Ivan est rachetée par la conversion de Dimitri. Ce qui veut dire que, sans le premier moment, le second serait impossible : c'est bien « du désordre suprême que naît l'ordre surnaturel ». « L'ange de lumière » sauve « l'ange des ténèbres », fait revenir Lucifer dans la lumière. Nicolas Berdiaev souligne que Dostoïevski « a été un écrivain profondément chrétien », il ajoute même « Je n'en connais pas qui le soit davantage » (*op. cit.*, p. 261)

2 – Nicolas Berdiaev : nihilisme ou apocalyptisme

La tentation nihiliste est toujours présente chez Dostoïevski. « L'homme du souterrain » est soumis, selon les expressions de Girard, à « la manie de l'obstacle », il est victime de « la fascination souterraine pour les modèles-obstacles de la rivalité mimétique », il est en proie à « une possession démoniaque ». Comme l'Esprit du Mal, il a tendance à tout nier, à vouloir tout détruire : tel est « l'esprit de révolution » auquel cependant il ne succombe jamais. Certes, selon Berdiaev, « le mal est déposé dans la profondeur de la nature humaine, dans sa liberté irrationnelle, dans sa déchéance d'un principe divin » (*op. cit.*, p. 109). C'est pourquoi, du mal, Dostoïevski ne conserve que le bon côté qui est d'être l'épreuve de la liberté et la condition du rachat. Chez Dostoïevski, « le mal est le chemin tragique de l'homme, son destin, l'épreuve de sa liberté ». Le mal « doit conduire au rachat », comme « la liberté a conduit l'homme sur le chemin du mal » (*op. cit.*, p. 114).

Ainsi s'explique l'avertissement solennel que lançait Dostoïevski à ses compatriotes contre l'utopie socialiste qui, athée et scientiste, ne peut conduire qu'à une impasse, à une « dictature de la raison » qui nous dépossède, chaque jour, un peu plus de nous-mêmes. Aussi n'est-il pas étonnant que Lénine ait pu traiter Dostoïevski d'« exécrable écrivain ». Pourtant Dostoïevski n'est pas conservateur ou réactionnaire, il n'est pas tourné vers le passé, il est plutôt tourné vers l'avenir, même si cet avenir n'est pas celui des « lendemains qui chantent », mais plutôt celui qui annonce « la fin du monde » : « L'hostilité de Dostoïevski envers la révolution... c'était l'hostilité d'un être apocalyptique qui se range aux côtés du Christ dans sa lutte suprême avec l'Antéchrist » (p. 167).

Nicolas Berdiaev montre ainsi que, des deux tendances de l'âme russe portée « irrésistiblement vers les extrêmes », *l'apocalyptisme* et *le nihilisme*, Dostoïevski a toujours choisi « l'apocalyptisme » face au « nihilisme », ou plutôt qu'il a tourné le nihilisme en apocalyptisme, dans la mesure où le nihilisme n'est qu'un « apocalyptisme renversé » (p. 17-18). A cet égard est fort instructive l'interrogation d'Ivan Karamazov sur ces « garçons russes » fréquentant des « cabarets puants », là où « ont débuté et le socialisme russe et la révolution russe » : « Ceux qui ne croient pas en Dieu discourent sur le socialisme et sur l'anarchisme, sur la réorganisation de l'humanité selon un statut nouveau ». Dostoïevski prévoit que ces entretiens doivent conduire à la destruction du monde et à la négation du passé (p. 171). « A la base du socialisme russe est déposé le levain nihiliste, ennemi des valeurs culturelles et des reliques de l'histoire » (p. 172). Or c'est précisément là où Dostoïevski se sépare du nihilisme russe : « si Dostoïevski a marqué la crise de la culture, il ne fut pas, comme Tolstoï, un ennemi de la culture. Ses tendances apocalyptiques se conciliaient avec le sentiment de l'histoire, de ses reliques et de ses valeurs, de la continuité historique ». C'est par le Christ que Dostoïevski a pu juguler le spectre du nihilisme et qu'il a retrouvé « la lumière au sein des ténèbres » (p. 284).

*
*   *

Dostoïevski, image du « Christ russe » de Chatov, a été rejeté par ses compatriotes, comme le Christ le fut par les habitants de Gérasa, et l'apostrophe que Girard prête à ces derniers contre le Christ, aurait pu être celle des russes contre Dostoïevski : « Nous préférons continuer avec nos exorcistes, parce que, toi, tu es visiblement un vrai révolutionnaire. Au lieu de réorganiser le démoniaque, de le réarranger quelque peu comme un psychanalyste, tu le supprimes entièrement. Si tu restais, tu nous priverais des béquilles sacrificielles qui nous permettent de nous déplacer » (*Quand ces Choses...*, p. 68).

Ainsi, de même que Heidegger disait de Hölderlin qu'il était « le poète dont tous les allemands ont à s'acquitter », ne pourrait-on dire de Dostoïevski qu'il est « l'écrivain dont tous les russes ont à s'acquitter ». Mais l'œuvre de Dostoïevski dépasse de loin la Russie de la fin du tsarisme. Elle est non seulement une œuvre pour les Russes de la fin du XIXe siècle et du début du XXe ; elle est une œuvre pour tous les peuples, de toutes les époques, et singulièrement de la nôtre qui n'a pas voulu se reconnaître dans le miroir que lui tendait Dostoïevski.

TABLE DES MATIERES

INTRODUCTION 7

Chap. 1 – **SAINT THOMAS D'AQUIN REDECOUVERT PAR MICHEL VILLEY : LA DIALECTIQUE CHRETIENNE** 9
Sect. 1 : La *Doctrine sacrée* 10
Sect. 2 : La doctrine morale...15
Sect. 3 : La doctrine du droit 19

Chap. 2 – **JOSEPH DE MAISTRE, PREDECESSEUR DE RENE GIRARD : LE SACRIFICE ET LA VIOLENCE** ...31
Sect. 1 : La dénonciation des sacrifices................................36
Sect. 2 : Le sacrifice à l'origine de la science et au centre d'une philosophie de l'histoire 42

Chap. 3 – **LOUIS DE BONALD : L'ACCORD DE LA RELIGION CHRETIENNE AVEC LA RAISON** *UNE THEORIE SOCIALE DU RELIGIEUX* 55
Sect. 1 : De Bonald, précurseur de la sociologie religieuse et politique..65
Sect. 2 : De Bonald confirmé par la « théorie mimétique » de René Girard ? 78

Chap. 4 – **HEGEL, LE « THOMAS D'AQUIN DU MONDE PROTESTANT »** 87
Sect. 1 : La philosophie de l'histoire comme histoire de la religion chrétienne et de la liberté 88
Sect. 2 : La philosophie de la religion comme expression de la raison 97

Chap. 5 – **DE HEGEL A ERNST BLOCH : ATHEISME ET CHRISTIANISME** 107
Sect. 1 : L'athéisme dans le christianisme............................108
Sect. 2 : Le christianisme dans l'athéisme...........................122

Chap. 6 – **CLAUDE TRESMONTANT : LA VISION HEBRAÏQUE ET CHRETIENNE DU MONDE**...............129
Sect. 1 : Deux visions du monde opposées............................130
Sect. 2 : Une vision chrétienne du monde 144

Chap. 7 – **RENE GIRARD : L'ESPRIT DU CHRISTIANISME**………………………………….........155
Sect. 1 : La continuité de la religion chrétienne avec la religion judaïque et les religions archaïques 155
Sect. 2 : La rupture de la religion chrétienne avec les religions archaïques et la religion judaïque 167

Chap. 8 – **RENE GIRARD : L'ESPRIT DU CATHOLICISME** 179
Sect. 1 : Les affirmations catholiques et le clivage avec les Eglises protestante et orthodoxe.............................179
Sect. 2 : L'enseignement des affirmations catholiques 206

Chap. 9 – **RENE GIRARD, LECTEUR DE DOSTOÏEVSKI**
TENEBRES ET LUMIERE DU SOUTERRAIN..................221
Sect. 1 : La recherche dans les ténèbres du souterrain : Dostoïevski prophétique..221
Sect. 2 : La conversion à la lumière du souterrain : Dostoïevski apocalyptique...224

Du même auteur

Aux P. U. F., « Les voies du droit »
Sémiotique juridique. Introduction à une science du droit, 1990.

Chez L'Hermès
Les normes de l'action : droit et morale. Introduction à la science normative, 1990.
La philosophie du droit de Hegel. Essai de lecture des Principes, 1995.
La pensée juridique avant et après le Code civil, 1998.
Trois essais pour une théorie générale du droit, 1998
La pensée politique avant et après Hegel, 1999.
Nouvelles méthodes des sciences sociales, 1999.

Chez L'Harmattan
De Montesquieu le moderne à Rousseau l'ancien, 2001.
Le modèle juridique. Droit et herméneutique, 2001.
Commons et Hayek, défenseurs de la théorie normative du droit, 2003.
Philosophie et doctrine du droit chez Kant, Fichte et Hegel, 2005.
Pour une sémiotique du droit international, 2007.
Droit et épistémologie. L'Organon du droit, 2008.
Droit et philosophie. Préface de François Dagognet, 2009.
Thomas d'Aquin : droit, morale et métaphysique, 2011.
Tout comprendre avec René Girard. Du moi aux grands problèmes actuels.
Petit traité de la violence, 2015.
De Hegel à Girard. Violence du droit, religion et science, 2015.
De la guerre au terrorisme… Les véritables causes, 2015.
Le scandale Joseph de Maistre, 2016.
L'esprit du christianisme, 2016.
L'esprit du catholicisme d'après René Girard, 2016.
La théologie politique de René Girard et la gauche chrétienne, 2016.
Critique du droit chez Michel Villey et René Girard. 2016.
René Girard « cow-boy texan » au fil de ses exploits, 2017.
Paganisme, Christianisme et Catholicisme chez René Girard, 2017.
La « Conversion romanesque » de René Girard, 2018.
Girard et Tresmontant, balayeurs et constructeurs, 2019.
Brève philosophie de la Constitution, 2019.
Théologie et épistémologie négatives chez Villey, Girard et Tresmontant, 2020.

Structures éditoriales du groupe L'Harmattan

L'Harmattan Italie
Via degli Artisti, 15
10124 Torino
harmattan.italia@gmail.com

L'Harmattan Hongrie
Kossuth l. u. 14-16.
1053 Budapest
harmattan@harmattan.hu

L'Harmattan Sénégal
10 VDN en face Mermoz
BP 45034 Dakar-Fann
senharmattan@gmail.com

L'Harmattan Congo
219, avenue Nelson Mandela
BP 2874 Brazzaville
harmattan.congo@yahoo.fr

L'Harmattan Cameroun
TSINGA/FECAFOOT
BP 11486 Yaoundé
inkoukam@gmail.com

L'Harmattan Mali
ACI 2000 - Immeuble Mgr Jean Marie Cisse
Bureau 10
BP 145 Bamako-Mali
mali@harmattan.fr

L'Harmattan Burkina Faso
Achille Somé – tengnule@hotmail.fr

L'Harmattan Togo
Djidjole – Lomé
Maison Amela
face EPP BATOME
ddamela@aol.com

L'Harmattan Guinée
Almamya, rue KA 028 OKB Agency
BP 3470 Conakry
harmattanguinee@yahoo.fr

L'Harmattan RDC
185, avenue Nyangwe
Commune de Lingwala – Kinshasa
matangilamusadila@yahoo.fr

L'Harmattan Côte d'Ivoire
Résidence Karl – Cité des Arts
Abidjan-Cocody
03 BP 1588 Abidjan
espace_harmattan.ci@hotmail.fr

Nos librairies en France

Librairie internationale
16, rue des Écoles
75005 Paris
librairie.internationale@harmattan.fr
01 40 46 79 11
www.librairieharmattan.com

Librairie des savoirs
21, rue des Écoles
75005 Paris
librairie.sh@harmattan.fr
01 46 34 13 71
www.librairieharmattansh.com

Librairie Le Lucernaire
53, rue Notre-Dame-des-Champs
75006 Paris
librairie@lucernaire.fr
01 42 22 67 13